鬆弛感

拼命太累，躺平太廢，
容許不確定，才有小確幸

郝培強——著

目錄

第二章 自我驅動：擺脫拖延和畏難

第三章　終身學習：用長線思維看人生

第四章　自我接納：與不完美和解

自序　每個人都是超級英雄

我祖籍是四川綿陽的小縣城梓潼，不過我生在天津。我父親是中海油塘沽公司的職工，那時候叫做渤海石油。而我的母親沒有城市戶口，還是農民，所以，我們家不能分配房子，我們住在渤海石油專門給單職工（指夫妻雙方只有一方是企業單位員工）家屬開闢的一塊區域——農場。我母親務農，我父親上班。渤海石油是一個非常大的單位，當年光是這樣的農場就有十來個，我們家在其中一個農場，這個農場有幾十戶，算是比較小的農場。

考大學那年，我估分的時候，覺得自己沒有過本科線（錄取最低分數），本來是很惶恐的，有一種父母培養了多年，最後自己成了一個殘次品的感覺。後來分數線下來，我還是過了本科線的，不過分數並不高，選擇不多。我可以去天津的幾個保底的學校，也可以去西南石油學院（現改名叫做西南石油大學）。西南石油學院在石油系統裡面是排行第二的學校，家裡人覺得如果上西南石油學院的話，我未來進渤海石油的機會比較大，於是我就去了四川南充上學。

其實我並不算很有想法的人。後來，在大學因為沉迷電腦，數學以及其他的課程我都曠課頗多，造成最後被當掉很多科，甚至畢業一度都成了問題。我父母曾有一次被叫到學校去見老師，他們頗為失望，本來覺得我從小都還算是個讓人省心的孩子，但是突然之間就變成了問題少年。那時候我們有一次深談，我父母甚至告訴我，如果我真的被退學了，要去找電腦相關的工作，他們也會支持我，但是我當時已經大三了，能糊弄過最後一年就糊弄過去吧。於是，最終我還是畢業了。

那件事情使我發現，我是一個表面隨和，但是內心非常堅定的人。我沒有辦法推翻我對這個世界的理解，當我對那些科目失去了興趣，當我對大學失去了興趣，我很難裝出我喜歡它們的樣子。這對我後來的擇業產生了很大的影響。

這個影響就是，在畢業雙選的時候，我甚至不想走進雙選會場，我們學校的雙選會[1]，

1 編注：雙選會，即畢業生雙選會，是由畢業生與用人單位相互選擇。

我一場都沒有參加，倒是跟著幾個同學跑了幾次成都，也沒有特別心動的感覺。於是畢業以後，我沒有選定工作，在家裡窩了三個月，直到有一天，我媽用掃把打了我一頓，趕我出門去找工作，我才出門。

我隨便投了一份簡歷，然後在天津的一家公司上班。後來，我又去了北京，在北京飄零了七年以後，去了上海，在上海幹了四年。二〇一四年，我們高中同學組織二十年再回首的大聚會，班級四十多人來了大半，感慨唏噓之餘，可以發現，我的高中同學大部分都留在了石油系統內部，即使不在中海油塘沽公司，也在中海油的其他分公司，或者中石油、中石化。很多人娶了學妹或者嫁了學長，或者找了單位內部哪個叔叔的兒子或者女兒。而我就頗為飄零，這些年，換了無數個地方，熟悉了一幫朋友，然後分開，熟悉了一幫朋友，然後又分開。慢慢地，我身邊都沒有幾個相處超過五年的朋友。

一是憂，二是喜，憂的是感覺自己太飄零，喜的則是自己終於跳出了一個迴圈。去年跟父母回四川老家的時候，路邊的老人往往是他們的舊相識——小學同學或者生產隊（指中國社會主義農業經濟中的一種組織形式）的好友，而我父母也在外面幾十年。莊周好還是蝴蝶好呢？誰也不知道，我們都有自己的人生。

我曾經去過一次安徽農村，朋友的父親還在家裡務農，他自己打理了很大一塊玉米地，我們去的時候，他剛好收了很多玉米回來，有幾車那麼多，我問他這些玉米要是吃可以吃多久，他說吃幾年都吃不完。我又問他賣能賣多少錢，他說只能賣二千多元[2]的樣子。當時，我對物力艱辛和農村的經濟困境就有了非常清楚的認識。

村子裡面有不少讓我豔羨的小洋樓，朋友指給我看，說這是他大哥的，那是他二哥的。我說：「你們家孩子很不孝順啊，你大哥二哥住這麼大房子，為啥你父親住一個破舊的院子呢？」他說：「你看那兩個房子那麼大，我爸要是想住的話當然可以，但是只有他們老兩口加上我大哥的孩子住，他們覺得住大房子太浪費啊。」

房子看起來很新，我就問他是什麼時候蓋的，他說是十年前他大哥結婚的時候蓋的，兩口子住了幾天就去打工了，一直沒再住，五年前翻新過一次，最近在考慮要不要再翻新一次。這也是一種迴圈。

2 本書若無特別提及的幣值均為人民幣。

城市的人也在某種迴圈之中。大多數人畢業以後就開始考慮買房，自己掙錢或者家人出錢，買一個小房子。然後一生都在還房貸，掙錢爭取買更大的房子。等到買了大房子，孩子也大了，需要上學了，這時候發現學區不夠好，只好再攢錢買一個小學區房，全家搬過去。最近這幾年，新的迴圈產生了，以前家長是當孩子上大學的時候把他們送出去，後來是高中，現在是國中，家長們甚至開始考慮孩子一上幼稚園、小學，就讓他們去雙語或國際學校等等。

我知道每個人都難以超越自己的時代、經濟階層，但是我一直在努力跳出一個又一個迴圈，走自己的路，很多時候並不順利，也很艱難，甚至會後悔，但是也有快樂的部分，也有竊喜的部分。

什麼是超級英雄？真的要會飛嗎？真的要兩眼會噴火嗎？

我們都會恐懼，都有不喜歡做的事情。誰不喜歡冷氣房呢？我超愛冷氣，我認為人類最偉大的發明就是冷氣。當你為了一個目標，走出舒適地帶的時候，你就是超級英雄。

這世間那麼多偉業，都不是三頭六臂的人創造的。

前兩天，有人說雞湯都是假的，家裡有錢和有天賦的人都太強大，根本輪不到拼努力的人。

是的，也許終我一生，都不能比一些人有錢。

所以，我們就應該洗洗睡了，不要幻想，不要努力，不要繼續前行嗎？

當然，如果你真的喜歡這樣也沒啥不好。

但幹嗎要跟別人比？你比昨天的自己更聰明，更有學識，更有能力，不也是偉業嗎？

戴上耳機，走在喧囂的街道上，看著旁邊走過的人流，我總是想，你們以為我也是庸碌之輩嗎？你們知道我多麼偉大嗎？我曾經無數次戰勝自己，我的奮鬥沒有盡頭，我不可阻擋。

時至今日，我才明白，我們的偉業不是改變世界，而是持續地改變自己，push（推動）自己到新的limit（限度），尋找並擴展自己的邊界。改變世界這樣的小事情，只是我們前進中的副產品而已。

第一章

提高認知：實現高效成長

三十分鐘原則和不爭論原則

做公司這幾年，我最大的體會是，這世界上大多數問題都不是技術問題，也不是經濟問題，而是人的問題。

我從小喜歡電腦，因為電腦非常簡單，無欲無求，你讓它做什麼它就做什麼，從來不跟你吵架，也從來不質疑你的決定。

但是，人是不同的，每個人都有自己的價值觀、自己的利益、自己的想法、自己的目標。跟人打交道比跟電腦打交道難多了。

但是，人是社會化的動物，沒有人能脫離其他人存在。就拿「宅男」說吧，都以為「宅男」每天窩在家裡，不跟人打交道吧？其實也不是，如果沒有各種外賣店，各種電商，「宅男」根本不可能生存。我之前看了一個ＴＥＤ（技術、娛樂、設計）演講，覺得非常有啟發，這個演講說，人類在動物界並不是什麼出類拔萃的動物，甚至可以說是單兵作戰能力為零的一種動物，但是人類有了協作，才戰勝了其他的動物，成了世界之王。

而人怎麼去協作呢？什麼是協作呢？所謂協作，就是不同的人為了一個相同的目標，一起做一件事情。所有的協作都是從溝通開始的。如果我不能告訴你我要做什麼，你不能告訴我你要做什麼，我們談什麼協作呢？人類的協作，往小了說，為了讓我吃飽，也為了讓餐廳掙錢，我付錢給餐廳老闆，他給我做飯吃。往大了說，一個石油公司可能有幾萬人，不管他們各自在做著什麼具體的事情，他們都服務於「尋找、開採和銷售石油」這麼一個大的目標。

我們再返回來說溝通。我認為很多事情做不好的原因，就是大多數人雖然會說話，但是不會溝通。

為什麼要溝通？溝通的目的應該是什麼？

溝通是因為我們不同的人有不同的價值觀，對事物有不同的看法，有不同的利益、不同的想法，但是要生活在一起，要一起做事情，所以我們互相交換意見。

而溝通的目的是什麼呢？很多人以為溝通的目的是說服對方，那就錯了。如果兩個人的價值觀迥異，說服對方就是完全不可能的。同時，協作，或者說一起生活、一起做事，也沒有必要說我們都是價值觀完全相同的人。這世界的美妙，很大程度上就在於有無數價值觀迥異的人一起努力，才創造出豐富多彩的文化。

溝通的目的應該是每個人心平氣和地說出自己的訴求，大家尋找其中的平衡點，找到大家都可以接受的方案。

太多的爭吵來自：

一、試圖說服別人。

二、不聽完別人的訴求，就開始反駁。

我之前在演講裡推薦過《快思慢想》（*Thinking, Fast and Slow*）這本書，看完這本書，我最大的收穫就是知道人類的大腦存在遠古大腦和現代大腦的區別，遠古大腦反應很快，但是很不聰明，不能做複雜的思考；現代大腦反應很慢，但是可以深思熟慮，做出對自己最好的選擇。我們仔細思考就會發現，大多數的爭吵都是因為遠古大腦充分做主。對方說了一句話，也許這句話還沒說完，你就開始反駁，為啥？因為遠古大腦覺得你被攻擊了，馬上進入了反擊模式。而對方聽到了你的反擊，因為在氣憤中，對方也迅速進入了反擊模式。然後，兩個人就開始你一言我一語地吵了起來。

如果你能把你們的爭吵過程全部記錄下來，過幾個小時以後心平氣和地去看，我想你多半會發現，你們雙方說的大多數話都是沒有道理的。我們一般把這叫做不走腦子。實際上，在這種激烈的爭吵模式下，你們都不使用成熟的現代大腦，確實可以叫做不走腦子。

怎麼解決呢？

我的方案有兩個，第一個叫做三十分鐘原則，第二個叫做不爭論原則。

三十分鐘原則，往往用在我跟一個陌生人第一次接觸的時候。我往往會在前三十分鐘不發表任何實質意見，以詢問和用「嗯」、「ＯＫ（好的）」之類的詞，用簡單的以回應為主的方式來進行溝通。往往會在三十分鐘以後，我感覺基本上已經了解了對方的主要意圖和全部訴求，才開始進行系統地回答和闡述。這樣聽起來很慢，但是往往因為此時我的回答已經包含了對對方意圖的完整理解，所以後面的溝通非常高效，不管我是否可以滿足對方的訴求，都給對方一個很專業和很可靠的感覺。

不爭論原則也可以用在兩個人討論的情況下，而更多的時候，更適用於有很多人的討論環節上。我們事先說明，大家溝通的目的應該是各自說出想法，而不是反駁對方，甚至貶低對方的人格。即使你不認同其他人的觀點，也請把表達的重點放在闡述自己的觀點上，而不是反駁別人的觀點。儘量不使用「我反對某某的觀點」這樣的語句，直接闡述自己在這個問題上的想法。

使用這兩個原則以後，我發現我的溝通效率提高了很多。希望大家也可以學習如何提高溝通的效率。人生苦短，看自己喜歡的書，不是浪費生命；吃美食，不是浪費生命；去旅遊，不是浪費生命；做一切自己喜歡的事情都不是浪費生命。但是陷入低效的溝通和令人不快的溝通，是最浪費生命的一件事情。

認清自己，才能理順生活

我們一直在講應該不停地改進自己，但是如果你不了解自己，改進自己就是一句空話，我們首先應該學會正確地認識自己。也許有人看到這裡就把這本書放下了，畢竟這聽起來很像傻話，誰不了解自己呢？還需要別人來教嗎？

我要告訴你的是，大多數人都不能正確地認識自己，認識自己是一件非常難的事情。

沒有鏡子的話，我們活在茫然裡

作為一個不愛照鏡子的男人，我非常有發言權。我其實一直不太知道自己長什麼樣子，所以每次照相以後，我都會很疑惑，我這麼胖嗎？我長這個樣子嗎？我記得我是一個非常俊朗的男子，怎麼突然就這麼胖了？

仔細思考後，我發現，原來是我太不喜歡照鏡子了，大多數時候我不知道自己長什麼樣子，所以，突然照個相，或者照下鏡子我就會被自己嚇到。

大多數女孩都喜歡照鏡子，可能女孩們很難從上個事例中體會這種感覺。但是很多人應該都沒有錄製過語音節目，如果沒有錄製過，你們可以做一個非常簡單的試驗。

打開你的手機，iPhone（蘋果手機）的話，打開語音備忘錄，Android（安卓）手機的話，應該也有類似的軟體。用最平常的語調、語氣錄製一段你自己說的話，然後重播一下。大多數人會覺得，這是我說的話嗎？為什麼跟我自己的印象完全不同呢？但是，你把這個錄音放給朋友聽，他會告訴你，這跟你的聲音完全沒有區別。

這是為什麼呢？因為每個人聽到的自己的聲音，都是通過頭骨傳導的，另外，你真實的聲音也會傳導到空氣裡，再回到你的耳朵，所以，你聽到的自己的聲音跟錄音設備以及別人聽到的你的聲音是不同的。

大多數人第一次聽自己的錄音時都非常驚訝。我錄了這麼多年音以後，還經常不習慣聽到從設備裡傳來的自己的聲音。我相信這可以佐證一點，就是自己認識自己之難。

同樣的情況發生在無數的事情裡，如果你不參加一次英語考試，只是估計自己的英語水準，你往往會高估自己的水準，因為你會根據你的英語水準選擇適合你閱讀的材料，就會得到一個自己英語很流利的假象，但是考試的時候，出題人會選擇更有代表性、更雜糅的樣本，你也許就會發現自己的問題了。

歷史上最靈的一種減肥方法，其實很簡單，就是每天早晨稱體重，如果比昨天重了，今天就略微加大運動量，同時控制一點飲食。但是，這個方法要奏效，需要做到三件事情：用精確的秤，精確記錄運動量，精確記錄飲食。如果你吃了一根冰棒，你覺得這個無所謂，不去記錄，這個方法就肯定不會奏效。

鏡子是什麼？鏡子就是客觀世界對我們的評價。[3]

你在畫眉毛的時候，不照鏡子，你肯定會畫歪。

3 這世界上沒有完美的鏡子，前文是在講，照鏡子一定比不照鏡子好。但是照鏡子也解決不了所有的問題，有時候你需要照各種不同的鏡子，多照鏡子。（用不同的標準來檢測自己，持續檢測自己。）科學研究發現，人的眼睛和大腦會美化自己在鏡子裡面的圖像，你會發現自拍照和鏡子裡的圖像是不同的。所以，相機可能是更好的鏡子。

減肥的時候，如果你不把天天記錄體重、記錄運動量、記錄飲食當作鏡子的話，你的體重肯定會在一個重量範圍內浮動，而不會持續地下降。

我們學習的時候也是如此。所以，學校不停地安排考試，就是想讓老師知道你學得怎麼樣，如果你學得不好，老師就可以輔導你、督促你。更重要的是，讓你知道自己落後了。

但是，我們更多時候是把考試當作達成下一級目標的手段，忘記了考試最大的意義。你應該每天都努力地學習，但是你也需要時不時地考考自己，看看自己有沒有進步。

我經常勸一些年輕人，多去面試，不用在乎面試是否成功，主要在於在面試的時候找到自己與別人的差距。大多數人都不接受這個建議。但是，他們天天問，某公司要求到底有多高啊，我怎麼才能進去啊？這些問題的答案很簡單，你去面試不就知道了。你要是怕這個公司嫌棄你去面試太多次，那很簡單，你去一個水準類似，但是你暫時不想去的公司面試不就好了嗎？

自省的力量

前些日子，我的一個朋友在做一個關於remote working（遠端工作。無辦公室，全員網路聯繫、不見面的工作方式）以及自由職業者的工作狀態的研究，她找我做了一個訪談。我介紹了我們公司的一些管理經驗，她很驚訝。我也跟大家分享一下。

我們公司沒有辦公室，全員都沒有上下班時間，理論上你可以一天不工作，也可以玩一整天，不打卡，不計工時（除按工時付工資的兼職員工外）。我們全員都不定期見面，也沒有Skype視訊會議等。我做的主要管理工作就是要求每一個人寫日報，每天都寫，而我一般情況下不回覆。

下面是我公司員工的典型日報：

二〇一五年八月一日——沒有幹活。

二〇一五年八月二日——沒有幹活。

二〇一五年八月三日——

一、解決了橫屏顯示的問題。

二、原來UIkit（一種前端框架）出現bug（漏洞）的原因是，本來Android就支持轉屏，UIkit只需要修改一下「window_Layer」的size（規模）就可以了。但是原來的代碼首先修改了「window_Layer」的transfer（螢幕錯位），然後再修改UIWindows的transfer抵消之前的修改（類似負負得正）。無法理解這麼做的意圖。

很有意思吧，「沒有幹活」、「今天心情不好，沒有幹活」、「今天看初音未來演唱會，沒有幹活」、「今天不舒服，沒有幹活」之類的語句，在我們的全職員工日報裡面超級常見，可以寫理由，也可以不寫理由。

我對日報的要求是：

一、必須誠實，沒幹活就寫沒幹活，幹了多少活就寫幹了多少活，我們不會因為一個員工寫了沒幹活就不發他那天的工資，因為我知道沒有人可以精神飽滿地天天工作。

二、必須寫清楚細節。

三、必須每天都寫，如果哪天漏了，第二天要補上。

一般人會覺得這麼鬆散的要求，一定會讓公司的專案天天delay（延期）吧，錯了，我們的專案從來不delay，我們也從來不加班。我跟很多業界高手交流過，他們都難以相信我們用這麼少的人力和時間完成了這麼多的事情。

我們不招不能自主學習和自主工作的人。所以，他們值得尊重，他們可以在沒有人監督的情況下做事情。

但是，更重要的是這個日報系統的意義。這些日報雖然是他們每天發給我的，但是核心意義在於給他們自己看。

曾子曰：吾日三省吾身。

我曾經跟我的CTO[4]講，雖然你是一個很自覺的人，但是如果不認認真真地記錄自

4 編注：Chief Technology Officer，英文縮寫：CTO，中國稱為首席技術官。

己的工作，你肯定無法持續穩定地產出。在工作狀態好的時候，你可能天天都產出驚人，但是在工作狀態不好的時候，你就可能一天都沒有產出。這本身不可怕，可怕的是你明天就忘掉了，以為自己昨天很努力，所以，你也很懈怠。慢慢地，你就可能陷入一種狀態而不自知。

他跟我一樣都在情緒好的時候很自覺，但是在情緒不佳的時候就會陷進去。持續地自省，會讓我們這種人變成產出非常穩定高效的人。

我不寫日報，我自己有一套工作系統，叫做 **one plan**（單一計畫）。我把每天要做的一些小事列成表，每天自覺重複，這樣我才能保證每天都有足夠的英語學習量、日語學習量等等，學習狀態也變得非常穩定。

在這套系統的說明下，我看了數百個ＴＥＤ影片。我的微信公眾號也是如此，本來是寫著玩的，寫出感覺以後，就無論如何都逼著自己一天一定要寫一篇。

如何用一年時間獲得十年的經驗

我一直喜歡跟優秀的人來往，喜歡和非常優秀的人一起工作，因為我是一個非常懶惰的人，而我知道跟非常優秀的人一起工作的時候心情會非常愉快。

優秀人才的特徵：極強的學習能力

我自己創業的時候，招的第一個員工，畢業於漳州的一個職業技術學院，在那個不是很發達的地方，他自己學會了怎麼做iOS開發，並把自己的軟體在APP Store（蘋果應用商店）上線。

後來我看這個軟體做得還不錯，他的學歷不太高，也沒有什麼背景，我都不知道他是怎麼學會這些東西的。然後我開始給他「餵」一些材料，讓他一點點地做一些專案，我發現這樣的人也是沒有什麼極限的，於是我交給他做的東西越來越難。

後來我發現，在這個公司裡我終於不用再做主要程式師了，我終於找到了一個程式設計水準和我差不多的人，我不幹活的人生目標終於達到了。

所以這些年來，我一直在想怎麼樣把人變得優秀。我想要和優秀的人合作。

有人問：這樣的人你怎麼找得到呢？

前兩個月，我驗證了這麼一個流程：讓所有人遠端工作起來。於是我就在論壇裡發了一個帖子，說我認為遠端工作是這個世界的未來，我們下個專案要找兩個遠端工作的人。

當天晚上我就收到了六份簡歷，但是其中五個都不是我想要的人。我就和最後一個人聊，他是做Java（一種程式設計語言）後端的，但是這個小夥子很無聊地在他的部落格中寫了一系列如何一步步應用Java的文章，共三十五篇。

這的確不是什麼特別難的事情，但是我從來沒有見過一個人可以把這樣的副專案（side project，指用個人時間進行的專案）做得這麼乾淨、整潔，每一步都寫得非常清楚。

所以我就和他說，我覺得他是我們想要的人，他問我們的專案要做什麼。我告訴他我們要做一個把iOS直接編譯成Android的專案，讓他看了一個關於這個專案的影片。

過了五分鐘，他回郵件說，他覺得很難，搞不定。我說：「我相信你可以搞定，我給你兩個星期的時間去學iOS開發，你不需要學到非常難的東西，只需要學到可以做一個最簡單的iOS APP（應用），就表明你會做iOS開發了，就能進我公司了。」

兩個星期以後，他做了一個APP，並寫了一篇文章來解釋這個APP是怎麼回事。看完這篇文章之後，我和我們的CTO說這個人就交給他管了。

我特別喜歡這樣的人，所以我在想這樣的人到底是什麼樣的人。

有段時間我過得不是很順，我就在想怎麼樣可以讓自己過得積極快樂。我發現這就是一個我能不能征服一些我之前征服不了的事情的過程，比如我能不能通過走路鍛鍊把這身肉減下去，一開始走一兩萬步，累得吐血。後來我陪一個小朋友去逛外灘，回家發現我走了三萬步，但是一點事情也沒有，這是我之前想像不到的事情。所以我開始寫一本很雞湯的書。

我對這個世界的理解是，在這個世界太容易活下來了，可是對很多人來說不是這樣，問題出在哪裡呢？在於這個世界變化得太快。

在iPhone出來之前我覺得手機應該是一臺電腦，但我不知道手機應該是一臺怎麼樣的電腦，iPhone出來之後我覺得就是這樣。我相信那個時候沒有人會相信iPhone可以把諾基亞搞死，但它做到了。但我相信這只是偉大產品的很小一部分成就，iPhone把日本的DC（數碼相機）和DV（數碼攝像機）搞死了，這才是偉大產品真正的成就。

大家打過Uber（優步）嗎？我覺得Uber其實就是我們以前想像的未來智慧世界的樣子，隨時隨地都能夠打到車。從一個程式師的角度講，我們應該在計程車的計價器上裝一臺電腦。

但實際上這個問題是怎麼解決的呢？每個司機都有一部手機，這部手機並沒有強到成為裝在車上的一臺電腦，但這部手機聯結了每一個人。這個世界正在不停地變化。

什麼都有可能，做一個高級程式師很難嗎？一個黑人，可能在美國街頭打架，也可能是歐巴馬。你想想一個美國街頭小混混要變成歐巴馬有多難，他需要跨越的階梯更多。你見到的每一個比你更優秀的人，都天賦異稟嗎？我不太相信這件事情。

我見了太多優秀的人，我不認為他們天生智商比別人高，但是我覺得他們的學習方法、對待事情的認真態度是不可多得的。我在大學掛了十一門課，我是我們大學裡唯一一家長被叫到學校的學生。

我到校門口接我爸媽，我爸媽當時覺得特別丟人。但是走著走著，遇見兩個人對我說「郝老師好」，我爸媽特別驚訝。那兩個人去聽了我當時在另外一個系做的關於Word、Excel、Powerpoint（微軟文檔、表格、演示文稿）的演講。

當時我就在想：這個世界對人其實有不同的評價標準。也許我的大學老師覺得我應該被開除，但是我自己招人的時候看的不完全是一份簡歷，我覺得每個人都具有完全可變的能力，但被自己的理解所束縛，變成了一個完全不可變的人。

我們會聽到別人說「學一門語言好難啊」，五年前有人跟我說「Tiny，該怎麼學iOS」，我說「很簡單」，五年之後他還跟我說「Tiny，該怎麼學iOS」，我就無語了。

十年的工作經驗，還是把一年的工作經驗用了十年？

有這麼一個笑話，一個人跑去問老闆：「我都有十年工作經驗了，為什麼您還不給我漲薪水呢？」老闆回答：「你是有十年工作經驗，還是把一年的工作經驗用了十年？」

我覺得在這個社會中有太多人是把一年的工作經驗用了十年。也有人提到《異數》（*Outliers*），《異數》的理論是只有當你刻意去學習，不停從自己的舒適區跳出來，忍受痛苦和煎熬，改變了自己以後，你付出的時間才是算數的。

當時我們在珠海討論學習的問題，有一個人說他在進公司前兩個星期的時候非常痛苦，覺得他什麼都不會，誰都比他強。但後來他可以輕鬆處理這些事情，他卻有些擔心了。

我問他擔心什麼，他說他覺得這一年沒有什麼成長。我覺得他把我點醒了，我給的建議有兩個：一是找一份更有挑戰性的工作，二是做一個副專案去挑戰自己。

自由職業可能比你想像中還要累

今天聊一聊自由職業的話題，很多人都想做自由職業，大家都覺得自由職業者自由自在，非常幸福。我自己做了很長時間的自由職業，這兩三年我基本上是完全的自由職業者。

我本來在公司裡頭，有自己創業的公司，也在別的公司裡頭做過CTO這樣的職位，但是這兩年我徹底靠公眾號和YouTube頻道來生存，做徹底的自由職業，最近連程式都不怎麼寫。

所以，經常有很多人來問我關於自由職業的好壞等這些細節問題，比方說前兩天就有一個朋友說他工作得不太順心，工作壓力很大，然後也擔心未來，問我他能不能做自由職業，比方說去做APP獨立開發等等。

前兩天我看到了一個新聞，有人採訪劉慈欣，問劉慈欣最近的狀態如何，創作狀態如何，有沒有新的小說要寫？

劉慈欣就說其實他後悔辭職了，這個影片的標題叫「劉慈欣說沒法『摸魚』就沒法寫作」，因為他這幾年辭職專門寫作以後，他的寫作時間反而變得更少了。

為什麼會有這樣的問題，我先跟大家聊聊下面幾點。

有生活，才能有創意

像內容創作者，或者像劉慈欣這樣的作家，很重要的一點是生活。

劉慈欣在一間工廠工作的時候，他會接觸到很多人，但是他一旦辭職，自己創業了以後，這當然不是說他沒有任何社會活動，但除了社會活動以外，他自己的公司可能也不大，接觸的人就很少了，這個時候其實他就缺乏生活了。

我自己也是這樣的一個例子，現在我自己做公眾號、做影片。之前我上班的時候，經常會聽到我手下的程式師抱怨這個抱怨那個，或者年輕人的各種各樣的疑惑，或者大家工作之餘聚餐喝酒的時候聊到當前的社會百態，各種問題，我就會得到很多啟發，知道自己想去做什麼樣的內容。

但是，等到我這兩年都在做自己的事情，自己做公眾號的時候，我就發現有一個很大的問題。比方說前一段時間很多大公司裁員，那時候馬上就有人問我對裁員的事怎麼看。

我說我沒看法。因為我最近沒有上過班，跟那些在大公司裡工作的朋友也很少見面，當然這也有很大一部分是疫情的原因，所以到底這個裁員是怎麼回事，其實我不太知道。我不太知道就沒法給大家講，對吧？

所以這就是說當你有一個社會生活，有一個聯繫緊密的社會生活的時候，是可以幫助你創作，或者幫助你去了解人性的。

像我現在的生活狀態，如果沒有疫情的話，我每天都在外頭吃喝交際，還是會接觸到社會的。但是現在因為疫情我也不太敢出門，所以就每天在家裡坐著。你悶在家裡坐著，看到的都是網上的東西，都是些二手的東西，你不會對這個世界有更深刻的認識，所以你就很難做出更多的反應。劉慈欣可能也有這樣的一個問題。

只有正常作息，才能保持創作力

只有正常作息，你才能保持創作力，一份工作往往會幫助你保持正常作息。劉慈欣其實也說了這個問題，自從他辭職以後，他就沒法保證自己按時起床了。

很多人一旦失去了工作這種牽絆，就沒有了旺盛的創造力。一般公司要求你早上八點上班，有的人會遲到，就像我這樣的人，在有工作的時候我就經常遲到。但是工作時人基本上會保持在一個白天比較精神、晚上睡覺的狀態下。而做自由職業後，很多人日夜顛倒，就產生了很多健康問題。

當時，當年明月（中國作家）考上了海關，那個崗位只招五個人，人人羨慕。但是你知道嗎？他寫的《明朝那些事兒》非常賺錢，現在當年明月已經是體制內非常不錯的一個官員了，他各方面收入都不錯，但是他的財富主要還是來自這套書。

據說《明朝那些事兒》當時一年給他帶來幾千萬的版稅，現在我不知道還有沒有那麼多，但是有人問過他：「你的書那麼成功，你為什麼不辭職？」

他當然有他的政治抱負和理想，這是他說過的一個原因，但另一個原因其實他也說過，他只有在正常工作的時候才能保持創作力。

如果說辭職以前是在工作狀態下才能保持旺盛的精力，那麼很多人會發現自己一旦辭職了，一旦完全從事自由職業了，就會陷入一種痛苦的狀態中。我其實也遇到過這個問題。

大概在二〇一八年以前我都是有本職工作的。我的公眾號保持日更是在二〇一五年的時候。那時候我的工作非常繁忙，但是對於寫公眾號我很積極。我現在完全做自由職業了，反而經常找不到時間來寫。

其實很大的問題是，如果沒有人盯著你，你自己到底能不能做到每天都學習，每天都努力，每天都保持良好的精神狀態去創作。

我在二〇一四年、二〇一五年的時候，看英語原文書的效率驚人，一個月能看完一本英文書，我說的英文書不是一本英文教科書，而是一本英文小說或一本英文專著。

我當時非常密集地在看英文書，比方說會在地鐵上拿著Kindle（電子閱讀器）看書，會在散步的時候拿著iPhone聽書，但是這個習慣大概在二〇一六年以後就沒有了。為什麼沒有了？

因為我以前住的地方比較偏，我當時住在上海楊浦區，在比上海財經大學再往北一點的一個地方，每次我到地鐵站都要走二十分鐘，但是當時那個地鐵站相對也比較偏，我喜歡去淮海中路的 iapm（上海環貿廣場），或者去浦東玩，所以經常要坐三、四十分鐘的地鐵。

在坐地鐵的時候，我進行了大量的閱讀，因為坐地鐵很無聊。而且我又是在起點站附近上車的，經常有座，所以我就有時間去看書。那段時間我看了很多英文書，但後來我搬到了陝西南路附近，每次去 iapm 坐地鐵五分鐘就到站了，一旦離開了那個環境，我就沒有在地鐵上看書的習慣了。

沒有了在地鐵上看書的習慣，我坐在辦公桌前看書的習慣又一直都培養不起來。因為有電腦又有手機，還有我的遊戲機，有各種各樣的誘惑，所以我就很難靜下心去把一本書看完。

所以很多時候人覺得自己是完全自主的，但是習慣的力量，以及你一些生活方式的力量是非常強大的。這是很多人想不到的一個問題。

我還有一個朋友，他原來上班的時候是非常緊張的，以前經常加班，但是他做自媒體可以做到雙日更，後來他覺得他自媒體做得不錯，也就辭職了。但他專職做自媒體的時候，發現很難做到日更，甚至很難按時更新，經常很久都不更新。

他一開始認為這是不是說明他寫公眾號不行，然後就去做影片，結果他做短影片也做得很少，為什麼？

其實就是因為他經常日夜顛倒，沒法保持一個正常的生活規律。如果你不能保持正常的生活規律，你的生理時鐘亂了以後，最大的問題就是你經常找不到一個自己精力充沛、情緒很好、精神也很好的狀態。

日本的一個「勞模」作家村上春樹有多自律？他凌晨四點就起床，寫作到中午十二點休息一下，然後下午四點再去跑十公里，每天都是這樣。村上春樹的這種自律很有可能是一種性格因素，但這也是他能夠寫這麼多東西，成為一個「勞模」作家的原因。

一般來說，我們會覺得作家是一個非常散漫的職業，但事實上我自己做了很長時間的自由職業，我發現哪怕是再散漫的一個人，也必須有一定的工作規律和生活規律，否則他是非常難以輸出的。

余華（中國作家）可能是一個反例。余華經常說他自己當年就是因為懶，因為文化館不需要打卡才去文化館上班，但你如果去看余華的那麼多書，余華的那麼多創作，你就會知道他是一個很自律的人。

自由職業的「自由」是指自由安排時間，而不是自由散漫

很多人會覺得做藝術、做文學，做這些自由職業的人都是自由散漫的，其實自由是真的「自由」，但這個「自由」是指你可以自由安排時間，而不是自由散漫的意思。

舉個最簡單的例子，像做導演、做遊戲，很多人都會覺得你這些東西不都是在講藝術嗎？

舉個例子，像我很喜歡的暴雪娛樂，他們要做一個遊戲，需要跟幾千個人合作，有無數的素材。導演也是一樣的。其實導演的事務性工作很多，包括每天要來哪些演員，哪些演員今天有戲要拍，今天有多少個場景要拍等等。導演當然也有助理和副導演協同工作。很多人眼中的藝術性的東西，做到一定規模，它也是一個工程性的東西。管理幾千人拍一個電影，某種程度上來說跟管理幾百人蓋一棟大樓是一樣的。

我們做自媒體也好，寫文章也好，都是這樣。比方說你要寫一篇文章，你總要有構思、收集材料、寫作、校對，然後發布這麼一個流程。

做一個影片其實也是這樣。比方說我做影片的時候，基本上沒有特別長的稿子，而且一般我是沒有逐字稿的。

但是我一般會有提綱，這個提綱的形成其實也需要一個思考的時間。你如果在錄影片之前不思考，那麼錄這個影片的時候你就會表達得非常不流利，所以這個思考的時間是必須有的。

如果你想讓大家覺得你講話很有意思，那麼你就需要旁徵博引，對吧？那麼有很多的小故事細節，你平時就要收集和整理。這樣等到你準備材料的時候，你才能找到。

有了這樣的一個提綱以後，你要去熟悉一下自己的提綱，知道一個大概的講述脈絡。

舉個例子，我以前只做一個ＰＰＴ就去演講，也沒有逐字稿，但是我在做ＰＰＴ的時候，其實就非常認真地思考這一頁我準備講幾分鐘，可能沒有一個具體的時間，但是我會在心裡頭去講一下這個東西，提前打好腹稿。所以你做什麼事情，其實都是這樣的。

最後我想說，我認為我們追求的自由是不被那些完全沒有意義的規章制度或者說毫無意義的加班所拘束的自由。

在你做一件事情的時候，你需要做什麼樣的準備，包括做什麼樣的知識儲備，做什麼樣的資料收集，在什麼樣的精神狀態下去做好這件事情，這不是在限制我們追求的「自由」。你不應該被一些沒有意義的東西浪費時間，但是做內容的時候，做事情的時候，你該辛苦還是要辛苦的。

所以並不是說你現在做自由職業了，就可以每天胡吃海塞猛睡，最後錢就會來了。這世界上沒有這樣的好事。在該玩的時候玩，在該努力的時候努力，這樣你才能做好你的自由職業。所以每一個想做自由職業的人，我都想跟他說自由職業雖然好，但是並不簡單，它並不是坦途，你最終要學會怎麼去壓榨自己，或者怎麼去最高效率地利用自己精力充沛的時間。

在做好了自己一天該做的事情以後，你想怎麼玩，想怎麼自由，比如在別人都在上班的時候，你跑去逛商場，都是沒問題的。

但前提是你要把事情做好，你需要非常自律或者有自己工作的方式才行。

這時代的美好和便利從不來自「九九六」

年紀大到一定程度，就會眼睜睜地看著社會的輿論發生變化。在二〇〇一年，我剛剛進入網路行業的時候，還沒有「九九六」的說法[5]。在我的記憶裡，至少是到了最近幾年「九九六」才開始甚囂塵上的。

但是，即使在「九九六」開始甚囂塵上的幾年裡，也不是全部的網路公司都在搞「九九六」。有很多公司其實是不搞的。有些搞「九九六」的公司雖然工資待遇不錯，但是在一些人眼中是不值得去的。

然而社會現實會發生變化。當沒人尊重勞動法的時候，有人就會問，「九九六」到底

5 編注：九九六工作制，是指一種「早上九點上班，晚上九點下班，每周工作六天」的工作時間制度。

好不好。還有人說正是因為有了「九九六」，中國才能在全球一枝獨秀。甚至出現二、三十歲的員工去舉報甚至訓斥四十多歲的前輩不肯「九九六」的情況。

但是「九九六」真是一個國家發展的法寶嗎？其實並不是。

中國從一九九五年五月一日起開始實行四十小時工作制，推行雙休日。那是改革開放之後，中國經濟騰飛的一個轉捩點。

在改革之前，人們明顯更辛苦，雙休日把勞動時間縮短了，在一定程度上提高了勞動效率，我們的經濟反而更好了。

這是一個全世界普遍的現象，還是中國獨有的呢？

講一個有趣的故事，一九一六年美國國會通過的亞當森法，規定在州際鐵路上工作的鐵路工人實行「八小時工作制」，工人超時工作，雇主要支付額外加班費。人們一般認為這是在美國實行「八小時工作制」的一個開端。

然而，早在一九一四年一月，福特汽車公司就開始將工資加倍（日薪從二點三八美元加至五美元），縮短工時（每日工作八小時）。這項舉措非但沒有讓福特的生產率下降，反而令福特汽車一躍成為全世界最流行的汽車，也是生產得最快和售價最便宜的汽車。

當然，人人都知道福特成功的一大祕訣就是流水線生產模式，因為流水線生產模式提高了勞動生產率。

而很多人回顧這段歷史的時候都忽略了福特在發展生產線的同時提高了工人的工資和減少了工時。

為什麼呢？因為如果福特的工人一直貧困，而且沒有時間去開車，那麼福特生產了那麼多汽車誰會買？買了誰又有時間去開呢？

世界經濟的發展一直以來都是由勞動生產率的提高，以及消費能力和消費意願的增強一起推動的。

在改革開放之前，我們連吃飽飯都是奢望，到了改革開放以後，很多人能吃飽飯了，吃到肉了，吃到了很多品種的肉，吃到了各種各樣的水果。

而今天，一些非常賺錢的企業滿足的不是人的基礎需求，而是人在滿足基礎需求以後的更高層次的需求。舉個例子，農夫山泉的老闆成了新任首富，是因為農夫山泉滿足了人不被渴死的基礎需求嗎？不是，人喝自來水，或者自己燒水喝都不會渴死。只有想喝有礦物質的、純淨的、有點甜的水，你才需要花更多的錢去買農夫山泉，而不是直接飲用自來水。

所以，中國的騰飛當然是苦幹幹出來的，但也是人民群眾開始吃飽飯，開始有能力享受出來的。

中國一直在說，在拉動經濟的「三駕馬車」——投資、消費、出口裡面，消費在中國是最難的，但也是中國最需要的。美國就是一個由消費驅動的大國。二〇二〇年，在美國，居民消費支出占GDP的比例達六十九%，在中國，這一比例僅為三十九%。

而要繼續增長，特別是實現對每個國民都有意義的、讓居民生活都能改善的增長，就必須增大內需。內需從哪裡來？如果大家都沒有錢，就不會有內需；如果大家都沒有時間，也不會有內需。

這時代的美好和便利不來自「九九六」，只是那些鼓吹「九九六」，想隨意延長工作時間的人在騙你而已。

但是，這並不是說，人不應該奮鬥。事實上，「九九六」跟奮鬥毫無關係。我見過很多執行「九九六」的公司，真的是每一個員工都特別興奮精神飽滿地工作嗎？其實就是「上有政策下有對策」，很多人覺得反正回了家也沒啥事，就在公司待著。既然一直待著可以讓老闆覺得占到便宜，那員工何樂而不為呢？

但是，在這場上下配合的騙局裡，其實沒有贏家，老闆覺得壓榨了員工，然而員工該磨洋工的還是在磨洋工，不管做滿了多少工時。而那些用著公司空調，吃著夜宵，熬到晚上九點半叫車回家的員工，表面上占了點小便宜，其實浪費了生命。

我只是沒認眞做

我以前有個同事，他的口頭禪是「我只是沒認真做，要是我認真做，×××也不是我的對手」。

每一次跟他溝通，說他哪裡該改進，他都這麼說：「強哥，你別老提小張，我是沒上心啊，下次我認真做，肯定比小張做得好。」、「強哥，老李也沒我學歷高，我這次沒認真，以後一定會更好的。」

要說態度也算誠懇，但是問題總是得不到改進。每次他都承認錯誤，都說自己不夠認真，以後能做好，但是一直也沒做好。後來……

每次說到這樣的話題，總有人說，年輕人總是會犯錯的，你們那麼不寬容嗎？

其實，我認為職場新人也好，經驗豐富的老員工也好，犯錯誤都是難免的，做的東西有時候達不到主管的要求也不是不可饒恕的。

問題是怎麼面對問題，怎麼面對錯誤，怎麼成長。

有三年經驗的程式師一定好於有一年經驗的程式師嗎？

我們招聘的時候，一般都會看一個人在一個領域裡面工作了幾年。比如招程式師，我們經常會說，三年以上的iOS程式師，或者有五年經驗的C++程式師等等。這是一個非常簡單實用的標準。

這意味著我們認為一個人在某個領域幹了幾年以後，他應該有相應級別的經驗和水準。往往有三年經驗的程式師比有一年經驗的程式師水準更高。但是，事實上也不盡然。

我在二十年的職業生涯裡，至少有十年在帶團隊，招聘和管理了很多程式師。有一半人的水準是跟他們的從業時間比較相關的，對這些人來說幹三年比幹一年強得多。

還有一半人又可以分為兩種，第一種人只有一年經驗，但是能力秒殺有三年甚至五年經驗的程式師。還有一種人有了五年甚至十年的經驗，但是做事情還不如一個剛入行的小朋友。

為什麼呢？

在於你肯不肯學習。

我國中剛學程式設計的時候，能找到的唯一的學習資料就是學習機自帶的一個Basic（基本）手冊。但是我對它極其癡迷，幾乎把那本手冊翻爛了，每一行代碼都被我打進學習機裡試驗過。然而在我上大學之後，國內的網路才興起。那個年代只要你肯學就可以比其他人更厲害，但是畢竟資訊匱乏，學習起來非常艱難。

現在則完全不同。只要你肯學習，肯去尋找，哪怕是在一個偏僻的城市甚至農村，你都可以找到北大的影片教程，你也可以跟著史丹佛的教授學習「機器學習」課程。各種各樣的免費學習資料，影片、文檔滿天飛。如果你想學，不需要在一個專案裡面待三年，你自己就可以學習到其他人不了解的細節。

如果你特別優秀，又進入了競爭比較激烈、技術比較厲害的公司，那你的成長速度就會非常驚人。而那些幹了五年十年混得還不如剛進職場的孩子們好的人呢？那些人往往進入一家公司後，就覺得自己進了避風港，覺得自己只要滿足公司的需求就好了，就開始故步自封，那麼幹了五年十年當然也沒有任何用處。

一定要進入一家厲害的公司才能成長嗎？

總有人留言問我，說自己沒本事，進不了厲害的公司，進不了厲害的公司就沒辦法成長，該怎麼辦？

其實這樣的問題根本不存在。當然，如果你進了厲害的公司，公司發展得很快，確實容易推著你進步。但是如果公司沒有太多技術需求，你自己也是可以進步的。

二〇〇一年我大學畢業的時候，自信心不足，沒敢去北京闖世界，就在天津投了一份簡歷，進了一家電子廠做網管。整個公司只有我一個人會寫程式。那麼我跟誰學？公司也不需要做什麼軟體，我在公司做的幾個軟體，工資管理系統、食堂管理系統，都是我主動請纓做的。事實上，公司覺得還不如花點錢找外包呢。

那麼我怎麼學習？

我業餘時間還不是自己喜歡什麼技術就學什麼技術，經常自己寫一些程式做試驗。不是說有人逼你做事情你才能學習。我那個時候最喜歡C++ Builder，我就天天寫C++ Builder的程式。

後來，當我離開天津，去北京求職的時候，剛好看到某家公司招C++ Builder程式師，我一去面試就成功入職了。

那家公司就是做電子詞典「文曲星」的金遠見公司。

在金遠見我認真地工作，主導了PC端連接軟體的整體重構。但是業餘時間，我還在研究VC++和流覽器外掛程式系統。後來金遠見遭遇大的變故，大裁員，我拿了一筆補償金，在家裡天天打遊戲上網。那時聽說了二六五公司招人，他們需要用VC++，而我當時在北京圈子已經有點名氣了，就被人推薦進了二六五。

在二六五的時候，我一邊做公司的事情，一邊在業餘時間學習各種好玩的技術，比如J2ME，JavaSE等等。這個時候，我的朋友霍炬找到我，說他的朋友在搞一個創業專案，找到了他做技術，還缺一個技術人員。而我當時已經會做流覽器外掛程式了，那個專案正好需要Outlook外掛程式式，行業裡面沒幾個人會做。

霍炬問我能不能做，我找了文檔一看，覺得Outlook外掛程式本質上跟流覽器外掛程式沒啥區別，於是我就答應下來了。

這就成了我業餘參與的第一個創業專案。這個專案雖然沒成功，但是打下了我和霍炬後來合作的基礎。

我幾年後離開了二六五，之後一度只靠給朋友的創業專案做諮詢維生。一次跟霍炬、韓磊的飯局上，他們問起我在做啥，我說辭職後在做一個簡單的諮詢工作，錢不多，湊合吃飯。霍炬說他剛剛辭職，也準備做點簡單的諮詢工作。於是，我們一拍即合，成立了一家技術諮詢公司。後來，我們的業務涵蓋了飯統、點評、FTChinese、六間房等國內知名公司。而做技術諮詢需要的技能也不是二六五公司當時需要的，都是我和霍炬在業餘時間自己做網站、自己做專案學習的。

創業期間，我自學了Java和Lucene，我們寫了一套搜索系統，用它開了另外一家公司。在做這兩家公司之餘，我發現Android和iOS兩個系統都有了SDK，我就都去認真學習了。後來我更喜歡iPhone，就專心學iPhone開發。

學了一個多月，有道公司的一個副總找到我，他們當時在國內找不到iPhone開發者，於是我幫他們做了有道詞典iOS的第一版。

後來，我和霍炬、余晟老師先後加入盛大。盛大是因為我們做的搜索系統而招募我們的。但是我進公司的時候說，我想把精力放在iOS上，我們的老闆欣然答應了。因為那個時間點iOS人才更加難得。

就我二十年的工作經驗來看，我幾乎每換一個公司都會用一種完全不同的技術來求職。所以，可以說，任何一個公司對我後來的職位的影響都不大，全靠我自學的技術。

我成長的要點是看準一個或者幾個方向，持續不斷地努力，用業餘時間不斷地學習和嘗試。

只有親自做的經驗才是經驗

我從二〇一五年開始認真地寫公眾號，那一年寫了二百多篇，三十多萬字。公眾號給我帶來了非常多的收入，但是做起來也很難。一開始是最難的。我寫了幾篇，沒多少人看。大多數人當時都說，公眾號的紅利期已經過了。只有馮大輝一個人說，公眾號的紅利期還在，現在寫還是好時候。

最後，我相信馮大輝說的，因為他的公眾號的閱讀量一直在上升，他也一直都在寫。

我二〇〇二年開始寫部落格的時候，就看到馮大輝一直在寫部落格。這麼多年，我們都一直在寫。

而很多當年看好或不看好部落格的人，早就不寫了。很多說公眾號紅利已經不在的人，我了解了一下他們，他們根本就沒寫過，或者寫過幾篇，沒有多少人看就再也沒寫了。

後來，從二〇一六年到二〇二一年，每一年都有人說公眾號沒前途了。但是從我的經驗來看，這幾年我從公眾號掙到的廣告費用並沒有降低。而且我也看到不斷地有新人湧現，比如「橋下有人」、「半佛仙人」。他們比以前公眾號剛剛興起時流行的公眾號作者們更會寫，更會把握話題方向，流量更大，賺錢也更多。

但是，不管啥時候，只要你聊公眾號寫作的話題，總有人跟你侃侃而談，紅利期已經過去啦，價值不在啦，新的機會是小紅書啊，新的機會是抖音啊。

這些觀點的對錯我們暫且不論。上次在一個演講後，有人問我現在要做公眾號該怎麼做。我發表了一堆觀點。然後有人站起來說不建議大家做公眾號，應該做小紅書，滔滔不絕說了十分鐘。然後，我問他：「你做過公眾號嗎？做過小紅書嗎？有多少粉絲？」他對我提出的問題很詫異，說：「我沒做過啊。」

我說：「你沒做過怎麼知道這麼多？」

他說：「我看×××和×××說的。」

我笑了笑，心說：×××和×××的文章，我們自己不會看嗎？需要你來詞不達意地複述一遍嗎？

我做YouTube影片的時候也是如此。我做了八十二個影片，有二萬次訂閱，單個影片最高的播放量是十二萬五千多次，總共有六十六萬次播放，掙了近二千美元。

雖然還很初級，但是我已經嘗試了各種各樣的形式和內容。我做過訪談，做過科普，我甚至買了綠幕做了摳像。我試過各種YouTube的SEO（搜尋引擎優化）手段。

然而跟人聊到怎麼做YouTube影片的時候，我總是被人教導。

「你應該這麼做。」

「你做一期×××就火了。」

「你要是做的時候旁邊坐個美女就火了。」

「YouTube的推薦機制是×××，你只要這麼做就火了」

⋯⋯

當年去問這些大明白，他們在哪個平台做影片，YouTube、B站、西瓜，抖音影片也可以啊。他們往往會告訴你，他們啥也沒做過，不過研究過。

雖然武功蓋世，但是從未下場比試過。當然，因為從未下場比試過，所以武功也一直蓋世。

上個月有個女孩跟我說，現在做公眾號、做YouTube都過時了，要做小紅書了。

我問她小紅書該怎麼做呢。她自信地跟我說，如此如此這般這般，一個月粉絲就能過萬，三個月就能接到商單，收入多少多少。

我問她做過嗎，她說還沒，但是她準備做，一個月後她給我曬資料。

一個星期還沒到，她在微信上找到我，訴了一堆苦。說她第一次錄影片，錄了七十八遍才成功。發現別說妙語連珠了，照著稿子念的話，錄出來看上去呆若木雞；沒有稿子的話，時不時卡殼；做了一個提綱放在眼前，但是錄著錄著還是跑題了。

最後好不容易搞了七十八遍錄出來了，學習剪映怎麼加字幕、怎麼加片頭片尾就費了老大勁。

全部都搞好了，發到小紅書，無人理睬……有幾個評論也都是在噴她的觀點不夠客觀的。

她心灰意冷，說：「Tiny叔，可能我不適合搞影片……」

你別說，我見過好多喜歡說「我只是沒認真做，要是我認真做，×××也不是我的對手」的人，他們認真做起來，往往就是這個樣子。不是幻想成功得太早，就是放棄得太早。認真起來無敵，但是他們認真不起來啊。

可以快，但不要著急

大多數人都喜歡快，因為這是一個變化很快的時代，火雲邪神說過「天下武功，無堅不破，唯快不破」。快有很多好處，很多時候不夠快就意味著沒有機會。但是大多數人不知道快和著急的區別。什麼是快？什麼是著急呢？

快是一種狀態，它是客觀存在的。別人做一件事情用了三天，你用了一天，這就是快。而著急是一種心態，它是主觀存在的。做一件事需要三天時間，你非要一天搞定，這就是著急。

欲速則不達，著急帶來的第一個問題就是容易做不好事情。

我見過和參與過太多的專案，早期立項的時候負責人優柔寡斷、猶豫不決，寧可讓專案組的成員閒著，也不肯投入力量預研。一旦確認立項，又把工期定得不合常理地短，不停地加班，不停地補漏，結果是delay。

個人學習和生活中的例子也比比皆是，有人想三個月學會英語，有人想一個月減掉二十五公斤的體重。那是不是沒人能做到呢？當然，也許有人可以做到。但是對大多數人來說，這麼急切只會走彎路，最後得不償失。

著急帶來的第二個問題是容易帶來挫折感。

當你著急的時候，你就會忽視自己的能力，去制訂一個不切實際的目標。這種不走腦子的結果就是你很容易失敗，並且失敗以後，你很難想到失敗的主因是你的目標不切實際。這就很容易給你帶來挫折感，讓你覺得自己一無是處，從而放棄對自己的要求，自暴自棄。

我們生下來的時候都是無所不能的種子，我們不是被生活塑形的，而是被自己對生活的錯誤理解塑形的。

著急帶來的第三個問題是容易走錯路。

這個時代太匆忙，有無數人暴富，我可以理解任何人心裡的壓力，這是一個非常容易走錯路的時代。笑來老師的公眾號「學習學習再學習」裡有一篇文章《寫給女生的五個擇偶建議》，我轉發後，因為原文中有句「壞人更容易成功」，有個妹子就來問我：「善惡哪個更有力量？」

我的回答是，問題不在於哪個更有力量，而在於：不是有力量的你就可以控制，有些力量你不僅不能控制，它們反而會控制你；不是說獲得了力量，你就會快樂。

但是，在急躁的時候，人就容易偏離自己的信念，把自己變成自己不喜歡的那種人。我們常常在前進的道路上走得太興奮，而忘了目的地到底在哪裡，以及自己為什麼出發。

不管面對多麼複雜的問題，我能找到的唯一方法，也是我覺得最好的方法，就是不疾不徐，認真回到內心，去思考自己要什麼，自己可以做什麼，可以一步一腳印解決問題的方法是什麼。

如是。

簡單地出賣時間無法變富

改革開放初期有一個怪現象，叫做「造原子彈的不如賣茶葉蛋的」。如果理解不了這個問題，你當然一輩子受窮。

現在這個時代類似的問題也常常被提出來，說明很多人缺乏經濟常識。比如經常有人會震驚於某些早餐店的老闆可能月入過萬元，甚至月入幾萬元，順豐的快遞小哥有可能月薪達到二萬元—三萬元等等。有些人震驚的是他們大學畢業在北京、上海，月入才六千元不到，那些人連大學都沒上，甚至有的人國中都沒畢業，掙得比他們還多。

首先，工資不是按學歷分配的。當然，如果你和一堆人去面試一個企業的同一個崗位，你們都是沒有職場經驗的人，那麼有很大機率你的收入跟你的學歷和學校的名氣成正比。

但是，如果加上不同公司、不同工作經驗，以及不同專業等因素，那麼你的收入跟學歷就沒多大關係了。在某一個階段，比如我還在上學的時候，大學生是相當稀缺的，那時候大學還沒有擴招。所以，是否有大學文憑，在你求職的時候，有非常大的權重。如今你有學歷當然更好，但是大學生早就已經沒那麼稀缺了。

任何一份工作的收入其實跟商品價格一樣是由供求關係決定的。以前航班少，飛機少，空姐是一個高收入而且非常高端的職業。但是到了現在，大家都知道，即使在天上飛，端盤子還是端盤子，這個職業早就不稀缺，也不稀奇了，自然就回歸了服務行業的本質。當然我這裡沒有任何對服務行業不尊重的意思，只是當年這個職業有點類似於被架上了神壇，現在回歸了常態而已。

最重要的是，大多數人去工作無非簡單地出賣自己的時間而已。他們並不太為結果負責，所以他們得到的其實是出賣時間的回報。這聽起來有點繞，後面我會仔細解釋。

舉個例子，在公司完成了一單大生意以後，你總是有種自己成就了很大的事業的感覺。比如，公司簽了一個五百萬元的單子，你覺得自己是其中的主力功臣。那麼你的工資會因為這單生意直接變成二百萬元嗎？不會，最多從六千元漲到六千五百元。

這是不是很不公平？其實並不是。也許你心目中自己的功績，無非你做了其中那個最主要的ＰＰＴ。從某一個角度來看，你厥功至偉，但是從另外一個角度看，換個人來做這個PPT，應該也沒問題。那麼你是不是還那麼有價值呢？

在任何一個公司做一單五百萬元的生意，都很難說清楚你的功勞有多大。你覺得你功勞大，那麼設計這個產品的設計師功勞大不大？解決生產問題的技術工程師呢？保證生產可以順利進行的工廠主任呢？質檢組組長呢？線長呢？具體的裝配工人呢？把價值巨大的貨物安全送到港口的司機師傅呢？

你覺得自己再重要，也只是某個巨大鏈條上的一環而已。最關鍵的是你是完全可被替代的一環。

如果這單生意失敗了，你可能也沒那麼大的責任。公司少了一單五百萬元的生意，你最多少了幾千塊可能到手的獎金而已。

所以，你沒那麼重要，你只是一個螺絲釘。

我曾經做了有道詞典iOS的第一版，它是有道的外包專案，當時有道沒有懂iOS開發的程式師。我一直覺得這個軟體是讓我很驕傲的東西。

那時候APP store上也沒有幾個詞典軟體，雖然後續的開發都是有道自己的工程師做的，但是畢竟我幫他們開了個頭。然後一年又一年，我看著有道詞典高居榜首，好驕傲。

後來聽說有道詞典全平台下載量過億，我驕傲，再後來聽說單iOS版本下載量就過億了，我更驕傲。

但是，有一天我突然遲鈍地明白，這東西再火跟我也沒關係啊。

雖然，在剛有iOS開發的時候，我算是少數幾個可以寫出來一個電子詞典的人。但是現在人人都可以寫得出來（不至於，但是也差不多）。我那時候，如果順便自己也做一個，哪怕到現在只有一百萬下載量，那也是我自己的產品。但是有道詞典iOS版是網易有道的產品，我只是一個經手人而已。

網易有道想做這個產品，他們立項，找到我，給了我一個J2ME版本做參考，他們出錢，我出力。然後，一切就跟我無關了，除了一個虛名。

其實從我二〇〇一年上班到今天，是不是都是這樣的呢？每一家公司，我都努力參與了產品的研發，然後收到了薪水，最後我離開，產品就跟我再也沒有關係了。

因為不管當時多麼努力，你都只是一個出賣時間給公司的人。我跟網易有道的關係在外包專案結束的時候，就結束了。我甚至比一個買了一千股網易有道股票的路人，跟網易有道的關係還要小。

工作任務分解法

我經常給大家講學習方法、工作方法，不是因為我懂得很多，而是因為我自己也在不停地尋找打磨自己的學習方法、工作方法。同時，因為在行業裡面有些虛名，我見過特別多牛人，我得出一個結論，他們雖然很厲害，但是沒有幾個真正天賦異稟。其實他們看起來都不出奇，帥談不上帥，高大也談不上高大。接觸多了，我相信所有厲害的人最主要的素質都不是智商高，而是有系統的工作和學習方法，或者說做事情有章法。

我在演講裡面經常提，當一個任務很小，你隨便就可以搞定的時候，你容易有一個錯覺：這個世界是靠智商的。但是這個世界總有太多複雜的任務，不管是誰，都不可能靠拍腦袋解決。這時候，我們才知道方法的價值。

在工作方法裡面，我覺得最重要的一條叫做任務分解。如果不做分解的話，沒人能解決超級複雜的問題。卓越的人是擅於分解問題的，如果不分解問題，你就不可能去理解一個問題，不可能進行合理的資源配置和計畫調度。

在工程上這個方法也叫做分治法，當然我覺得更有意思的是它的英文名字「divide and conquer」，字面意思就是分解敵人，然後征服敵人。這其實最早應該是軍事術語，戰場上人多是有絕對優勢的，三萬人和二萬人拼刺刀[6]的話，三萬人一定會勝利。但是，如果你想辦法把三萬敵軍分散成三股，一股一股地跟你的優勢二萬兵力對陣的話，以少勝多是完全可以做到的。

很多人不理解為什麼要分解任務，因為在他們看來，分解完了，這個任務不還是要做嗎？對的。但是，問題在於，當問題過於大的時候，我們實際上是沒有辦法思考的。你以為你理解了這個問題，實際上你根本沒有開始思考問題。

舉一個簡單的例子，如果有人請你幫忙做一個記事本的APP，問你需要多久可以做出來，你往往沒辦法回答。因為這個問題太籠統、太大。

6 編注：「拼刺刀」網路流行詞，用作男性之間某種爭鬥。

但是，你可以通過分解這個問題來解決。一個記事本APP，應該有一個主介面，上面列出所有的note（注釋），然後點擊每一個note可以進入note內容顯示的介面，主介面還應該有新建note的按鈕和編輯note的按鈕。

好，這下讓你估計時間是不是就容易很多了？你可以大致估計下，你寫一個主介面需要四個小時，note詳情介面需要二個小時，新建按鈕需要一個小時，編輯按鈕需要一個小時。合計是八個小時。

有時候，客戶的需求太多或者你要做的工作太複雜，需要很多部門協調，需要注意一些不可控的因素。遇到這樣的專案，很多人都會搞成一團糟。其實你也要先做任務分解，先把任務分解成小的部分，看哪些部分需要找其他部門協調，哪些部分可以自己搞定，哪些部分有時間和預算風險等等。

有時候，你需要做的事情看起來非常複雜，實際上有些部分是不需要做的，但是如果你不能先分解任務，你是不可能理解的。

其實，分解問題，是解決一個複雜問題的前提，如果你不能合理地分解一個問題，解決問題就是奢望。

這需要我們怎麼做呢？其實很簡單，就是做複雜的事情之前先思考。
記得那個經典的笑話吧，把大象放進冰箱需要幾步？
有時候，我們需要思考的是，讓自己變成一個可靠的年輕人需要幾步？
然後，剩下的事情其實很簡單，做就是了。

鍛鍊你的大腦

我對機器學習非常感興趣。我覺得機器學習對我們理解人腦是非常有幫助的。

機器學習：模型＋資料量

機器學習主要有兩個東西，一個是模型，另一個是資料量。當你選對了足夠的語料、足夠的資料量的時候，這個模型就會越來越好。

我一直在想我們的大腦是一個什麼東西。大腦其實有一個回饋的流程，大腦接受一定的資料、一定的訓練，形成了一定的理論，然後不斷地去驗證這些理論對不對。一個聰明的人大腦結構應該非常清晰。

為了學英語練聽力，我開始聽一些Podcast，一開始我發現聽不太懂，但由於是自己領域內的東西，後來我都能聽懂了。於是我開始聽一些經濟學的東西，發現一些即使有十幾個字母的單字我也能夠聽懂，到現在我都不知道那些詞怎麼寫，但我就是能聽懂。

現在我驗證了大腦是一個有無窮力量的機器，那我該怎麼去使用它呢？我覺得我英語聽力有一定水準了，那我能不能夠說英語呢？於是我就去參加上海外國人的聚會，從一句話不會說到能夠和他們爭論宗教問題。

我始終覺得我的詞彙量是一個問題，所以我又開始讀英文書，現在我可以看哲學書等一些比較艱澀的書了。後來我發現練英語口語的一種方法，之前讀英文書我是培養即使看不懂也能讀下去的一種感覺，現在我讀書時遇到每一個不會的單字都要查，於是我感覺我的口語在慢慢進步。

《快思慢想》：避免遠古大腦，唯慢不破

我們有兩個大腦，一個大腦深思熟慮，功能非常強大；另一個大腦比較像遠古的動物，不太懂事，但它反應非常快，有點像條件反射。通過這個理論我想明白了我們為什麼

會產生爭執，原因很簡單。比如有個外國人說：「你們中國人……」我們的另一個大腦就會想：「你怎麼了，又想說我們中國人的壞話了嗎？」但其實我們都不知道那個人是要說中國人好還是壞。

很多時候，我們都會陷入一種情緒中，都在用大腦反應最快但是最愚蠢的部分。所以我在想，我能不能降低自己的反應速度，把每一句話都聽完，把每一件事情都想完，再回答，就是先聽後說。我有個理論叫做「不爭論原則」，即使你跟上一個人的發言有很大分歧，你都只表達自己的觀點是什麼，而不是說「某某某的想法是錯的」。

因為一旦說了這麼一句話，雙方就會陷入一種以「說服對方」、「壓倒對方」為目的的討論中。實際上我認為每一個參與討論的人都會有一些不對的部分，不可能全對。所以我們儘量在一種不爭論或者深思熟慮的環境下，給予大家充分的表達空間，你總是能夠收穫一些新東西。

我覺得成長就是我們不斷去接受分散在這個世界很多人的思想，很多書、很多理論裡的資訊，資訊量慢慢地增長，讓我們的大腦不斷進化。

再回到大腦進化這個問題。我在某個階段認為，大腦的進化我是有感覺的。在我的英語聽力水準提高的時候，我覺得我的粵語聽力和上海話聽力水準也在提高。

人的大腦其實就是一個複雜的機器，當這個機器越來越好的時候，不光是對某一個具體的事情有好處。所以我在追求讓大腦進化，幫我解決更複雜的事情。

《習慣的力量》：把好變為習慣

最後是《習慣的力量》（*The Power of Habit*），其實這本書的觀點與《快思慢想》是相反的。作者認為我們的習慣存儲於我們大腦中比較古老低級的部分，比如反射。《習慣的力量》提出了一個我們怎麼把一個回路放到大腦古老部分裡去的方法。放過去的好處在於，習慣意味著我們做一些事情會變得很容易。我覺得這本書可以和《異數》一起看：任何時候你只要覺得難受，你的大腦就在進化；任何時候你只要覺得輕鬆，你就是在使用你的習慣。

但這兩種理論對我們都有非常重要的意義。我在想我可不可以用這個理論改造我的習慣，這個理論的內容是：習慣有三個要素——觸發條件、流程和獎勵。

我拿這個理論去改造我的走路行為、學日語的行為，效果都非常好。我現在每天大概都能夠學四十分鐘的日語，我能夠看到我的日語水準在提升。

結語

大腦hacking（破解）的理論雖然不夠完美，但是我們可以不斷地去驗證。我可以試試看心平氣和地聊天是不是能夠更好地交流；我可以試試習慣的理論能不能夠把一件我不想做的事情變得很容易做到，而一些不想有的壞習慣能不能夠改掉。

我想寫一本關於方法論的書，很多人或許會叫它「雞湯」，但我覺得只要它能夠改變別人，改變我自己，那就是對的。

這是一個協作的世界

前兩天看一個TED演講的時候，那個演講者提到人作為個體在動物界是非常弱小的，一個單獨的人應該打不過老虎、獅子、野豬、狼等動物，很多更小的動物應該也可以輕鬆殺死一個人。但是，為什麼老虎、獅子、大象不能統治這個世界呢？他說因為協作很重要。

我們應該都知道協作的意義，我們生活在一個協作的社會裡，你所在的公司就是一堆人在協作，雖然你時常不知道你的同事到底在忙些什麼，但是我敢打包票，沒有他們，你一個人肯定是不能讓公司運作起來的。對原始人來說也是如此，他們能在現代武器發明之前就戰勝猛獁象和劍齒虎，靠的就是協作。雖然有無數人宣揚原始人更厲害，但是如果有人跟你說原始人可以單挑猛獁象和劍齒虎的話，我建議你送他去精神病院。

有時候，很多協作是你意識不到的。比如，你今天中午買了一個麵包吃，我說這是人類協作的結果，你可能不服氣，畢竟你這麼大的人了，買個麵包有多難，吃個麵包又有多難。但是，如果跟動物去比較，你就會發現買個麵包吃意義非凡。那個演講者說，如果有一隻猴子自己摘了一根香蕉，另一隻猴子也想吃香蕉的話，就必須自己去摘，如果第二隻猴子想用幾張紙片換走第一隻猴子的香蕉——呵呵，大家都是猴子，千萬別以為別的猴子傻。

但是，人不同。你有沒有親自種過麥子？你有沒有自己磨過麵粉？你有沒有自己和過麵？你有沒有自己烤過麵包？等等。人類現在享受到的再渺小的一件事情，都可能來自無數人的協作。

我們每個人都很弱小。不僅在遠古時代，現在也是。事實上，現代人已經快要失去獨立生存的能力了。如果吃穿住行都要靠自己動手的話，你會活得非常辛苦，有人覺得這是一種退步。但是，這其實是一種進步。

很多人從自由分享的角度去理解自由軟體、開源軟體運動，但是經過這麼多年以後，開源軟體的開發模式，成了最好的遠端協同模式，基於網路的bug跟蹤和任務管理系統、代碼管理系統、論壇等等。所以很多代碼超過的開源軟體，幾個主要的代碼貢獻者之間可能相隔幾千公里，一年見不到一面，但是仍舊可以高效地工作。

我可以很自豪地說，我們公司也是如此。我們公司負責核心專案的三個程式師，兩個在上海，一個在湘潭，而作為專案經理和產品經理的我，一半時間在上海，一半時間在天津，工作仍舊可以進行。

另一種協作就是Uber，尤其是「人民優步」[7]，我大概在上海和天津使用了半年以上的人民優步服務，打過上百次車。遇到的司機有無數種職業，職業經理人、小店店主、地鐵司機、銀行職員、小貸公司職員、財富管理公司職員、投資人、機場工作人員、機場工作人員的父親、船運公司員工等等。我通過他們了解到了非常多原來不理解甚至不知道的行業。而與此同時，我也見過了無數種車型，我之前考慮過要買的車，基本上都在打人民優步的過程中體驗到了。

人民優步提供了非常好的服務，但是它有沒有像計程車公司一樣嚴格管理呢？沒有。

7 編注：人民優步是Uber發布的拼車（共乘）服務。

有沒有像計程車公司一樣擁有這些車的產權呢？沒有。

人民優步只是提供了一組伺服器，當你在手機上叫車的時候，它會通知離你比較近的一個司機來接你。當然這裡面有無數的細節，這裡就不多說了。但是，這就是模式的價值，它提高了人類協同工作的能力。做人民優步的司機僅次於做我公司的程式師，是天下第二好的工作。司機在APP上按一個按鈕就上班了，如果沒有客戶叫車，司機樂意在哪裡休息就在哪裡休息，幹累了一按按鈕就下班了。

這才是人類應該有的未來。

做對選擇，找到合適的進階之路

每年一到畢業的季節，大學畢業生就開始迷惘。大學的四年都是無憂無慮的，錢自然會從提款機裡面吐出來，課上不上都不會被叫家長，啊，多美好的校園生活。

但是突然間，自由生活結束了，要去上班了，有點惆悵，有點迷惘，有點不知所措，是非常自然的。

我們的大學教學和社會需求非常脫節，當然全世界的大學都是如此，大學不可能隨著社會的改變馬上改變。但是，中國這種情況是格外突出的，學校裡面教的很多具體的技術已經過時，或者是完全錯誤的，比比皆是。

所以，首先，落差是不可避免的，也是不用擔心的。如果你到了公司裡，發現你自己是最菜的什麼都不懂的人，其實不用擔心，大家都是這麼過來的。公司招聘之所以會分為社招和校招，就是因為有些崗位更需要有經驗的人，而有些崗位，是可以給你學習時間的。

你需要做的無非努力學習，千萬不要以為只有學校才是學習的地方，離開了學校，真正的學習才開始。跟所有的同事學習，跟接觸到的所有人學習，學校裡面教你的所有東西，都是未來你真正學習所需要的基礎知識而已。

問題不在於這個階段你不如你的老同事，大多數人在這個階段都明白，如果不努力，可能連試用期都過不去。問題在於總有一天你會達到你的老同事的做事水準，這才是你人生的關鍵時刻。如果此時你滿足了，決定就這樣變成一個混日子的人，你可能就一輩子混日子了。如果你不滿足於此，想追求更多，想變得更好，你就沒有盡頭了，一切你都可以做到。

如果工作簡單重複沒有任何挑戰怎麼辦？

昨天，在OurCoders論壇裡有人說：「入職的時候，人事說來我們公司有廣闊的前景……入職以後才知道，我要做的工作是負責各個手遊平台的接入，重複再重複。」

我給那人的回覆是：「誰說做重複的手遊平台接入就一定沒有前途呢？我在金遠見工

作的時候，我的同事叫做Lee（李傑），他開發了Lava，一種可以解釋執行的簡單的C語言。文曲星的用戶都愛死Lava了。當時他為什麼要做Lava呢？原因是他彙編底子很好，公司讓他把任天堂FC遊戲機上面的遊戲移植到文曲星（CPU相容，但是一些埠什麼的都要改，不同的文曲星也不完全一樣，需要多次移植）。他移植了幾個遊戲以後，就厭煩了。當時他聽說了Java的概念——一次編寫，到處運行，他就想做一個Lee的Java，就是Lava。做好了以後，他寫了幾個小遊戲放在文曲星上，文曲星的用戶也很喜歡用Lava寫程式和遊戲。說白了，Lava不是什麼特別厲害的東西，簡單來說就是Lee當年上大學學編譯原理的底子不錯，他寫了一個簡單的C語言，放在了一個缺乏開發工具的平台上。所以誰說你的工作無聊你就應該無聊呢？」

工作和個人發展目標不一致怎麼辦？

大多數人的工作，都不可能跟他們的目標正好一致。老闆為什麼要雇人呢？是因為老闆需要有人去做某件事情，老闆的目標不是給你一個個人發展的空間。這公平嗎？非常公平，因為老闆不是免費讓你打工的，老闆給你錢，用錢購買你的技能和你的時間。

那你的個人發展目標呢？仔細看這個問句，你的個人發展目標，當然靠你自己來完成。如果你的公司交派給你的任務跟你的個人發展目標一致，當然好；如果不一致，那麼你可以改進公司的產品，提出更高的要求，就像Lee做的那樣。他做的Lava深受文曲星用戶的喜愛，他提升了自己，也讓公司的利潤得到了提升，這是雙贏的。如果公司的目標怎麼都不能和你自己的目標一致的時候，你當然可以選擇離開，但是你也要考慮會不會每個公司都無法和你的目標一致的問題。所以，你也可以用自己的時間去學習，去努力。這個答案其實很清楚，但是不知道為什麼很多人都想不到。

我工作二十年了，在這二十年裡，除了滿足公司的要求，在部落格上寫文章，在微博上「灌水」，胡吃海塞，跟漂亮妹子逛街以外，我還有大量的時間去學習自己想學習的東西，做自己想做的事情。

我在第一家公司用C++ Builder寫財務、打卡、食堂管理系統，在金遠見做過C++ Builder、Arm Linux下的C語言開發，在二六五做過VC開發，業餘做過OutLook外掛程式、流覽器外掛程式、VC++ COM和ATL開發，做過Gtalk機器人，用Python，自己創業時用Java寫搜索，用PHP做網站後臺，用shell腳本來做統計分析，對後臺的資料進行採集和分析，後來用Objective-C寫有道詞典iOS版的第一個版本，在盛大做「雲中書城」iOS版也用Objective-C。目前我自己在學習機器學習，在玩GraphLab（Dato）和Spark。

我在大學自學過VB、PHP、C++ Builder，其他的都是在工作期間邊做邊學的。

追求高薪和個人成長的關係

現在社會的壓力非常大，比如要結婚，就要先買房，而在上海、北京這種地方買房，對誰來說都是一筆不少的錢。所以，我當然理解每個人都掙錢心切。但問題是，你要考慮的是掙一年錢，還是掙一輩子錢。

首先你要理解校招和社招的區別（談的都是IT行業）。校招一般來說，企業比較看重你的學校、你的成績，因為你還是剛畢業的學生，也談不上有太多社會經驗。所以，企業希望你是一個可以學習，可以培養的年輕人，希望你的學歷好。而社招又分為兩種，HR（人力資源）招聘和專案組招聘，HR招聘還是比較看重學歷，以及你的專案經驗；

而專案組招聘其實很簡單，只看你的專案經驗和能力。

剛畢業的學生躊躇滿志，想找一個相對更好的工作，是應該的。問題恰好在於你找到了一個相對滿意的工作以後，一定要明白，你學歷的價值在消退，慢慢地大家就會用對社會人的要求來要求你。就像我，工作了這麼多年以後，每次去應聘，別人對我的學校一欄幾乎都不看，因為學校對我的影響已經幾乎不存在了，塑造我的是一個一個的工作經歷。

你可以跳槽，只要不頻繁地跳槽，看起來做什麼都做不長久就可以，你也可以想賺一份更高的薪水，這都沒問題。關鍵問題在於，你工作了幾年以後，有沒有一個社會人的身份，有沒有足夠的經驗和能力去支撐這個身份。

當你說你是一個程式師的時候，你有多少專案經歷可以說，有多少代碼可以support（支援）你，有多少經驗可以跟面試官侃侃而談？當你說你是一個設計師的時候，你有多少設計作品？

當你工作了幾年，跳了幾次槽的時候，如果還只能用你的學校說話，你就徹底錯了，路是自己越走越寬的，不是越走越窄的，這兩者的區別在哪裡？在於你有沒有真的成長，有沒有變成行業的中堅力量，成為人人爭搶的人才。

第二章

自我驅動：擺脫拖延和畏難

理性地設定目標

從機率上講，大多數人都找不到永恆的愛情，那麼是不是就意味著我們要停止追尋？每一個人都有自己的答案。

這世界非常不完美，有太多的問題，我們每個人都不完美，都有點問題。但是，so what（那又怎麼樣）？

當你寄希望於可以很輕易地解決一切問題的時候，反而更容易受到挫折。

這個世界的不完美，就像一個在無限遠處但無比明亮的燈塔，它指引了一個方向，讓你知道雖然窮盡一生也不可能到達，但是一直可以前行。我們自己的不完美也如是。

從接受自己和接受當下開始。

有人問，如何理性地設定目標？

首先，我想討論什麼是目標。如果一個理想太遠大，你怎麼也達不到，它是不是你的目標？如果一個目標太簡單，你可以輕鬆達到，它又是不是你的目標呢？這可能是很多人的疑問。

在這個世界上，大多數人都是被動學習者，這樣的人，在整個上學期間都在學習，因為有老師的監督，他們往往可以獲得一個還不錯的成績，從而一直都在成長。

不管我們的教育體制有著怎樣的問題，你都不得不承認，我們從小學到大學畢業，就是一個不斷學習知識的過程。不管你記不記得住，我們都從對這個世界一無所知，變得上知一點天文，下知一點地理。

但所有的學生在就業的時候，都會遭遇一些挫折，發現自己在學校所學的東西往往不能跟工作所需完美結合。所以，出於不被開除，或者希望在公司出人頭地的目的，大多數人會在進入工作崗位的第一年，努力學習工作所需要的Know-How（實用知識和技能）。

然後呢？就是同樣的工作經驗用上十年、二十年，直到退休。

這是因為，在我們沒有工作前，父母和社會對我們最大的期望是考上大學。當我們大學畢業後，父母和社會對我們最大的期望是找到一個好工作，並一直做下去。大多數人的前進之旅就在這兩個目標達成的時候結束了。

而終身學習者是不可阻擋的，他們的特點就是永遠都在學習，永遠都在成長。

從目標制訂的角度來講，我們的第一個結論就是，不要給自己制訂一個太容易實現的遠期目標。或者說，遠期目標要盡可能地遠大，不可達到。或者達到後，馬上找一個更遠大的。遠期目標應該是北極星，它的存在不是為了讓你到達，而是為了指引你前進的方向。

我們再說近期目標，近期目標一定要是你可以達到的。每完成一個近期目標就是一個成就，就是一個milestone（里程碑）。近期目標存在的價值是尋找前進方向的最佳路徑。

人是這樣的動物，我們本質上沒有極限，歐巴馬跟你的DNA沒啥不同，麥可・傑克森跟你也沒有什麼本質區別。人可以做任何事情。

但是，人首先需要信心和安全感，才敢去追求自己想追求的東西。去做一件事情的時候，如果成功了，你就獲得了成就感，這種成就感會讓你產生自信心，激勵你去更努力地做下一件事情。這叫做正向迴圈。在正向迴圈的驅使下，不斷地增加難度，我們就可以慢慢地增強自信心和能力去完成一些不可能完成的任務。

很多人因為在學習和工作中受到挫折，就喪失了自信心，不再繼續努力，又怎麼能前進呢？

但是，值得注意的是，很多人經常遭受挫折，不是因為他們的心理素質差，也不是因為他們能力不行，而是因為他們沒有正確的學習方法。

舉個例子，我經常發現一些遇到挫折的初學者，問題出在其近期目標太過宏大。比如有人跟我說：「Tiny老師，我花了三天還沒把《iOS程式設計入門經典》看完，我是不是太笨了？」對，你太笨了，你笨的地方不在於理解能力差，而在於你以為聰明人就可以在三天內看完一本技術書。這事誰也做不到，你做不到，並沒有什麼可受挫的。再說，假設一個牛人可以在三天內看完這本書，而你用了三十天，如果你們的吸收程度是一樣的話，那他只是看得快而已，在工作上，也不會比你強多少。當然，這也是急躁造成的一種問題。

學（做）任何一個有難度的東西，我們應該首先設置一個非常小的近期目標，比如寫一個「Hello，world」（「你好，世界」，世界上第一個演示程式）。通過實現這個近期目標獲得成就感，走入正向迴圈。然後一點一點地給自己提高難度，一點一點地增加挑戰。這樣做的好處是，你永遠處於正向迴圈之中，永遠有成就感，不會覺得疲倦，也不會有挫折感，而且只要你在每次迴圈後都追尋一個更高的目標，你的學習速度就是先慢而後快的，你的學習曲線應該是一個二次函數曲線，後期增長會非常驚人。

所以，簡單地說，結論是，近期目標一開始要足夠低，低到不能再低，然後慢慢提高，在整個提升過程中，始終保持每一個近期目標都可達成，從而進入長效的正向迴圈之中，追求「樂學」和先慢後快的加速學習過程。

時間和節奏的力量

我在演講和文章裡面多次提過，聰明人更需要努力。

聰明的人，因為腦子快，做事情往往事半功倍，所以形成一種錯覺，自己就是厲害，就是不需要下苦功夫。

一般來說，這樣說也是對的。這世界上有很多非常簡單的事情，比如寫一篇八百字的文章，做一個簡單的表格等。對聰明的人來說，這些工作太容易了，一看就知道怎麼做，而腦子慢一點的人可能需要幾倍的時間才能完成。

但是，這世界上也有很多困難的工作，比如寫二十萬字的小說，寫一篇一萬字的長文章，或者管理一個涉及多部門協調的專案。這些事情，有些聰明人可以勝任，有些聰明人就不行了，但是有些腦子慢的人居然也做得很好，完全不比聰明人差。

為什麼呢？因為只有當一件事情小到了大腦完全可以一次想清楚的時候，聰明與笨才有價值。任何一件事情，當再聰明的人也不能完全靠腦子解決的時候，核心的問題就在於方法了。

之前有人問我，寫文章是不是純看天分的，因為他發現有靈感的時候就寫得很快，沒有的時候就不知道怎麼寫，而且靈感來了，就必須一次性寫完。我以前也這麼覺得，但是現在有了不同的想法。如果完全靠靈感，你是寫不了長篇小說的，太長了，沒有人能保證連續寫三十天，天天有靈感。方法是什麼呢？寫長的東西，不要著急下筆，先列個提綱，把要點都寫好了，那麼就任何時候都可以寫了。

我最近幾個演講都爆火，文章也有幾個火的。為什麼呢？因為我掌握了一些新的方法。你們看到的我最近的幾個演講，母題其實我已經在跟朋友聊天的過程中無數次觸及，慢慢地收集了大家的反應，也通過無數次閱讀，給自己建立了一個非常清晰的敘述結構。然後，等到寫文章和演講的時候，一切就變得容易了。

每個人的時間都非常緊張。但是，核心問題不是時間本身，而是你能不能掌握到節約時間的工作方法。但是，我認為節約時間的工作方法不是戒掉社群媒體，戒掉微博，而是學會掌握節奏。

什麼是節奏呢？

就是做事情有規律有計劃。總有人說他費了很大心思學英語，為啥英語不長進呢？OK，如果你去觀察的話就會發現，在剛剛開始學的那幾天，這樣的人往往很有衝勁，可以一天背幾百個單字，可以看很多英文文章，然後呢？然後就沒有了。如果學英語是一個可以靠三分鐘熱度完成的任務，那麼每個人的英語都學得很好了。我說過很多次，我們每個人的母語都是從連爸爸媽媽都不會叫，只會咿呀咿呀開始學起的，母語為什麼都學得好，是因為每天都在用，每天都在練習，每天都在複習，英語只要這樣就也可以學好。

那怎樣能做到像學習母語那樣學習英語呢？找個外國男（女）朋友是最簡單的，搬到外國去也是很方便的。但我還不是學好了英語嗎？方法很簡單，要有規律性和節奏。大多數人每天看兩個小時中國或者港臺電視劇，我換成了看美劇。同樣娛樂了兩個小時，你學會了很多家長裡短、雞毛蒜皮，而我從《豪斯醫生》裡面知道了原來病的名字都是「×××disorder」，各種cancer（癌症）的叫法，從《波士頓法律》裡面知道了一堆法律術語等等。

當沒有計劃性、沒有規律性地做事情的時候，你就沒有辦法保證做任何一件事情都投入足夠多的時間，而有節奏的人，時間是他們最好的朋友。

當你學會每天都花固定的時間做一點點改進自己的事情，一年時間，你的改進就會非常驚人。而同時你會明白，這樣人生才不會荒廢，對吧？

最開始做公眾號時，我覺得我做不到每天都寫一篇文章，但是每天講上一分鐘應該沒問題。結果講了六十多天，積累了六十多個話題。

後來有一天我開始寫長文，慢慢地寫下來，也寫了十幾篇了。有人問，你每天都寫長文，怎麼寫，很難寫吧？每次在做之前，我都覺得好難，但是寫了五六天以後，我發現我有了感覺，有了節奏。我發現每天都寫一篇長文，對練習我的表達能力、分析能力也大有裨益，所以，我樂於堅持下去。

活到一定年紀，人生突然開闊起來，就是因為我發現我可以用節奏和時間來攻克一切難題，突然覺得自己變成了潛力股，無比快樂。

理清頭緒，找到節奏

早晨，我在門口的肯德基吃飯，點了一個法風燒餅豆漿套餐，另外加了兩根油條，但是當時油條沒有了，服務生給了我一個牌子，說好了給我送來。於是，我就開始吃東西，吃完了燒餅，服務生還沒來。旁邊有個服務生兩次路過以後，停下來問我：「先生，還差你什麼東西？」

我說油條。

她很麻利地走到櫃臺邊，要了一根油條過來（這時我才注意到，現在暫放架已經有不少油條了，我開始還以為是沒炸好，所以沒送來）。我說我是要兩根油條。

她又回到櫃臺。這時候櫃臺的服務生說，不知道是誰點的，是一根還是兩根。她走到櫃臺裡面問，一四號牌是誰點的，找了半天，才找到了給我點單的人。確定了是兩根，又給我送了一根過來。

這是一個典型的管理混亂的例子。我不想說細節，大家可以想想這個流程裡面出了多少問題。

這個比較積極主動的服務生，承擔了救火隊員的職責，所以，我作為一個顧客，雖然被耽誤了五分鐘，但是沒發展成因耽誤十－二十分鐘而拍案而起，大吵收場。

其實我是一個很友好的顧客，很少吵架。但是我非常喜歡觀察各種行業的混亂管理，每次都給我帶來很多思考。

有一回我去醫院做檢查，下午單子才出來，我不得不在醫院附近隨便吃了點東西，早早地在相關科室等著發報告單。半個小時後，大廳裡擠滿了等報告的病人，一個醫生和兩個護士才姍姍來遲。然而他們用一種很奇怪的方法來發報告單（具體方法我已經記不得了），效率非常低下，半天沒發出幾張，而且醫生護士已經搞得手忙腳亂，大廳裡面的病人也嘰哩呱啦地在議論，場面非常混亂。

於是，我擠過去說：「您能不能這麼試試？」那個醫生先是一愣，然後試了試我的方法，幾分鐘就發完單子了。我就高高興興地拿著單子走了。

幾個星期後，我又去做了一次檢查，發報告單的可能是另外的醫生，我已經完全記不得了。又是非常混亂的樣子，這次我已經懶得管了，就默默地等到自己的單子，然後打車回家了。

這些年，我談了很多做事情的方法，經常有人說：你是收入高了，有工夫扯閒篇了，大多數人還困於生活呢。

那天，我跟一個朋友吃飯，我告訴她，我認為哪怕我去做服務業，都可以做得比一般人好。她不信。我說，一般比較便宜的餐廳，服務生的收入比較低，所以往往不會有太聰明的服務生，而且服務生工作得很不愉快。這樣，人做事情就容易搞砸。但是也有人即使在這樣的情況下，做事情也非常可靠，這樣的人一定可以出人頭地。

她說，怎麼檢驗呢？我說，有一個非常簡單的方法。你一次提一個需求，大多數人，哪怕是吊兒郎當做事情的人，也可以做好。但是，你一次提兩個需求，比如你說先結帳，然後再拿一杯水過來，很多服務生在結帳以後就把你忘了，因為他們心不在焉。這招百試不爽。

我研究這些有什麼用？沒用，我又不準備做餐飲。但是，又很有用，因為天下的管理都是相通的。做一個肯德基店長學會的東西，可以用在九十%的五百強企業裡。美國有本書裡寫道，很多億萬富翁，小時候都因為貧困，在麥當勞、肯德基打過工。這份工作一方面幫他們解決了生計問題，更重要的是，一個聰明的人，在麥當勞、肯德基打工時學會的肯定不止怎麼做漢堡這麼簡單的東西。麥當勞、肯德基最重要的東西，一定不是漢堡怎麼做。

我看到任何管理混亂的現象，都會聯繫到我公司的管理方法和現狀去思考，看看這些可笑的問題公司是不是也出現過。結果也是百試不爽。

管理跟個人的關係在哪裡呢？昨天一個妹子跟我講，最近工作特別多，導師給的壓力很大，每天都很忙，覺得自己又累又乏，工作也沒有效率。那些困於工作的人，是不是常有同感？

問題在於你夠不夠努力嗎？問題在於你的老闆是不是一個bitch（賤人）嗎？其實更多的時候，問題在於你被工作壓垮了。你變成了一個救火隊員，疲於奔命，解決一個又一個的紕漏，但是沒有時間思考，沒有時間提高自己的能力和效率，在解決一個紕漏的時候，又創造了十個紕漏。於是，陷入惡性循環，越來越累，越來越忙，工作越做越差，心情也越來越差，然後你得到了一個結論：生活是一個bitch，你困於其中。

其實你只是困於自己，你一直沒有面對真正的問題，那就是，你做事情沒有頭緒，沒有節奏，沒有方法。你以為你在辛苦地工作，但是你從來不思考為什麼做不好事情。

所以，我希望大家的自主努力不是在泥潭裡面堅持，而是積累，積累改進，積累思考，要跳出泥潭，掌控工作，掌控生活，掌控自己。

笨鳥先飛，但聰明鳥飛得更快該怎麼辦？

我在微博看到一條反雞湯：笨鳥先飛，然後被一隻只聰明鳥從後面超過。

有很多人都很認同。我卻不以為然，我的回覆是：先飛是為了讓自己比昨天的自己早到，你非要跟別人比，這不是活該嗎？你看看聰明鳥飛得過飛機和火箭嗎？

我認為前面那條反雞湯錯在以為一個人人生的意義是比別人強。

跟別人比是沒有意義的。我曾經說過，你就算是月賺千萬元，還是有人可以跑過來告訴你，他可以月刷卡上千萬元。什麼時候是個盡頭？

對每個人來說，都可以自己跟自己比。昨天遲到了十分鐘，今天可以只遲到五分鐘，明天可以完全不遲到，後天考慮是不是可以早到十分鐘，吃個早點等等。

怕的是有些人心裡面想：我反正怎麼努力跑步也跑不過劉翔，怎麼掙錢也超不過王健林，怎麼學英語也沒有外國人英語說得流利，所以，乾脆就算了吧。

人。

前半部分是對的，有時候，不管我們怎麼努力，在某些領域都不會成為這世界頂尖的人。

但是，你跑跑步，身體會好，可以多活幾年，不好嗎？

你多掙點錢，可以多吃點好的食物，可以讓家人生活更穩定，不好嗎？

你多學學英語，可以更好地跟外國人交流，可以看懂很多以前看不懂的書，不好嗎？

人活著，只是為了吃飽穿暖嗎？這會不會太容易了？其實動物園的猴子也可以吃飽穿暖，但是，有什麼意思呢？

你早起真的是為了讓別的鳥看你的屁股嗎？

用規律化對抗懈怠情緒

我昨天發了一條微博，「今天情緒很低迷，晚上吃了自己做的剩菜拌飯，心情才好了一點點」。

原因是什麼呢？是前天我沒有睡好，然後昨天一整天都不是很在狀態，很多想做的事情沒有做。結果到了下午抑鬱的情緒就大爆發，買了一堆零食去吃，然後就更抑鬱，睡了一個下午。晚上起來我把中午的剩菜熱了下拌了點飯，吃了，情緒才稍微好了一點。

其實我在二〇一八—二〇一九年曾經度過一段很痛苦的日子，那時候每天都是一種閉環式的抑鬱，早期抑鬱，於是買一堆零食，越吃越抑鬱，然後打一天遊戲。然而第二天早晨起來，想到自己沒有工作，公眾號聯繫廣告投放的人也不想理。文章寫不下去，代碼寫不下去。人就活在一個痛苦的殼子裡。

走出那段日子的第一個方法是思考。我找了一個時間 clear all my mind，全部放空去思考。想到了一步一步的解決方法。比如，先提高收入，提高安全感。於是我就開始瘋狂地接公眾號廣告。當然這也有副作用，廣告越多，挨罵越多，情緒也會受到影響。這裡就不多說這個了，總之我一步步走出來，全靠的是自救。深入地思考自己面對的問題是什麼。

而思考的一個大的結論就是對抗懈怠情緒，對抗情緒波動，對抗抑鬱情緒，最好的辦法是規律化。

情緒化最大的問題就是情緒好的時候，可以做很多事情；情緒不好的時候，就什麼都不做。而規律化的作用是，不管情緒好與不好，都可以做一點點，然後看一個月、一年之後，你的積累是不是能有變化。

我之前講過：「很多讓人受益綿長的事情，做起來很困難。它們的好處往往不能立刻展現，所以人也就沒辦法獲得即時的成就感。而人的成長也包括能夠去追尋那些可能會遲來的成就感。因為人可以從中獲得即時成就感的東西，往往難以令人受益綿長。」

這些讓人受益綿長的東西，大多數人很難做好的原因就是做好它們需要堅持很久很久。前兩天看我的寫作的意義的朋友，有不少人可能已經動筆了，但是多少人可以一直寫到三天後、五天後、一個月後、三個月後、一年後呢？

你做得到的話會受益無窮。你做不到的話，就是又一次地感動過，但是毫無收穫。

怎麼堅持呢？很多時候目標定得太大，反而難以堅持。給自己定一個小目標，從一天三百字、八百字開始，每天都寫一點點，發出去。如果能堅持一個月，可以考慮寫長一點點。

有一個名詞叫基金定投。其實我們如果能做任何讓人受益綿長的事情，能持續做幾年，收益都比投資十萬塊錢的基金大得多。所以，我們需要定投自己。

做出規律化的努力。一天一點點，一天一點點。

我們的一切偉業，都從每天一步開始，也因為每天至少走了一步，才有了完成的可能性，加油。

最大的阻礙，就是自我設限

在微博上看到侯孝賢的一段話：「以前我們拍膠片，很貴！現在都數位化了！可以沒有限制地拍，年輕人，你們還怕什麼呢？勇敢地去拍吧！雖然我現在已經六十八歲，但我想我還能拼個十年。」

這段話讓我很感慨，以前一個名不見經傳的人想去拍一部電影，最大的阻礙就是膠片貴，演員你可以找業餘的，合作夥伴也可以找業餘的或者找朋友，但是膠片一秒鐘就是三十張，每一張都是錢。現在很多有名的大家，都是靠一部製作成本非常低廉的作品成名的，而他們之前做的最大的努力就是攢夠或者借到買膠片的錢。

可是到了今天，你用5D Mark II（在相機裡算貴的，但比專業電影設備還是便宜多了）就可以拍高清電影的時代，每一個有自己電影夢想的年輕人都拍出電影了嗎？顯然沒有。

王陽明說：「破山中賊易，破心中賊難。」

這句話說得很有道理，從古至今，大家雖然都在抱怨各種外部條件，但是真正阻礙一個人成就一番事業的，往往不是外部條件，而是你內心沒有足夠的渴望，你沒有足夠強大的內心去面對這個世界的質疑和自己的彷徨。

我從小就喜歡電腦，從自己還沒摸到電腦的那一刻起，我就一直渴望。上高中的時候，我同學跟我說C語言比學校教的GW-Basic更強大，他買了兩本書，我們兩個就在摸不到電腦的情況下，硬讀了這兩本書兩年多。環境是問題，但是當你真心熱愛的時候，你會想盡辦法去解決問題。

那時候我住校，家裡有一臺小霸王學習機（類似一個玩具電腦），只能打Basic。我有一天想到一個寫解釋語言的方法，於是我決定模仿LOGO語言的語法。可是小霸王學習機在家裡，我住校，一個星期才能碰一回，怎麼寫這個程式呢？我就在紙上寫，寫了十多頁。某個星期我回到家裡，一頁一頁地敲進去，敲的過程中，自然發現這個代碼很難完美地執行，就邊敲邊改，大概花了五、六個小時才搞完。

如果你總是說你想做好某件事情，但是從來不付出艱苦的努力，從來都是用這個環境不行、那個環境不行來為自己開脫，第一，我懷疑你是不是根本不想做好這件事情，第二，我懷疑你可能什麼事情都做不好。

社會在不斷地進步，雖然有各種各樣的問題，但是不得不說，跟我年輕的時候比，學習做一個東西、做一件事情越來越容易了。有很多非常優秀的年輕人在十五、六歲做出來的東西，已經可以讓二十七、八歲時的我汗顏了。但是，也有更多人，雖然口口聲聲喊著要學英語，要學寫程式，要成為人才，但是看不到他們任何的行動。

幾年前，MOOC（慕課）開始流行，全球有很多一流的大學都把自己的課程錄成了影片，你坐在家裡就可以看到史丹佛、耶魯的教授講的課。一夜之間，全球所有人都可以共用到世界上最優秀大學的教育資源了。有很多人驚呼這將改變世界。但是幾年過去後，大家發現，雖然這些課程非常優秀，但是看的人並不多，或者說，每一個課程發布的時候，都會吸引無數的學生，但是看完的人並不多，大多數人只看了一節課就沒有繼續看下去了。

為什麼呢？

這給我的反思是，沒錯，以前的問題在於教育資源的不平等，如果你考不上耶魯，你就上不了耶魯的課。但是現在這種情況也許說明，你考不上耶魯，是因為你沒有那麼想上耶魯的課，或者你口頭說想，但是實際上根本不會付出那麼多努力。每次當你有雄心壯志的時候，你可以幾天幾夜不睡把全世界最好的MOOC影片下載到你的電腦裡，甚至你可能去買一個大移動硬碟來存儲它們，然後呢？就沒有然後了，它們會和你其他的雄心壯志一樣，永遠沉睡在那裡。

就像有多少人立志要學好攝影，買了昂貴的攝影器材，結果出門旅遊的時候連帶都懶得帶出去。

問題永遠都不在外部環境，不在這些配件上，永遠都在你的內心。

有很多人經常跟我說，他們學了十年的英語，還是學不會啊，英語太難學了。這些人是真的智商不行嗎？是買不起英語書，買不起詞彙書，買不起詞典嗎？都不是，遇到這種人，一般來說，最簡單的檢測方法是問他們幾個詞。你會發現他們對「abandon」、「absence」、「aboard」這些詞非常熟悉，因為他們背了十年的單字，一直在背單字表的第一頁，你問一下「b」打頭的單字，他們馬上就啞巴了。

你問任何一個偉大的人，一個偉大的征程是怎麼開始的，怎麼一直繼續下去的，其實答案大同小異，往往都是先邁出第一步，然後邁出第二步，然後……

大多數的人的問題在於，有時候，他們不敢邁出第一步，有時候，他們不敢邁出第二步……

尋找和突破心障

什麼是心障？

我最早發現這個問題是在二〇一三年年底的一天，我想到我已經工作了將近十三年，但是我從來沒有休過一次大假，沒有去任何地方旅遊過。我不是一個工作狂，經常遲到早退，我雖然有寫代碼寫到淩晨兩三點還不睡的時候，但是更多時候，我只是一整天什麼都寫不出來，各種晃蕩，刷刷微博，看看網頁。

這十三年，假設一年有十二天年假，也有一百五十六天，這還沒計算十一、五一、春節的假期，以及那些週休二日。週休二日用來去趟韓國、日本固然不夠，但是去郊區踏踏青還是綽綽有餘的。假設我是一個熱愛旅遊的男子，那麼這麼多天，我應該可以環遊世界了吧，至少我應該有時間把我非常想去的美國、日本等國去過一次吧。

OK，錢算是個問題，但是我上班這麼多年，糟蹋了這麼多錢，買了那麼多的蘋果設備、書等等，十三年花個幾萬去旅遊應該不算多。

可是，我就是哪裡都沒有去過，問題出在哪裡？

我把這叫做心障，就是說，人生中總有些障礙阻擋著你去做你想做的事情，但是這些障礙裡面有一些是現實障礙，如果你真的沒有時間和金錢，不去旅遊也就不去了。如果你有時間、有金錢，也有一顆說走就走的心，但是你哪裡都沒有去過，那就是因為心障。

楚門的島

在《楚門的世界》這部電影裡面，金．凱瑞扮演的楚門從小就生活在一個巨大的攝影棚裡面，裡面有一個小島，從小聰明活潑的楚門就一次一次接近這個島的邊緣，於是這個島越建越完善，越來越難以逃脫。機智的導演還設計了楚門的父親帶著楚門一起在海上航行，但是楚門的父親在風暴中落水身亡的戲碼，使楚門害怕那片海。所以，楚門三十多歲了，還沒有離開過這個島嶼一次，沒有離開過這個攝影棚，沒有見識過自己真實的命運。

看這部電影的時候，我不知道有多少人可以感同身受。是的，沒錯，我們沒有活在一個真人秀裡面，我們沒有從小被人操縱著長大。但有一天我開始思考，我難道不是活在一個小島上面嗎？

或者說，也許楚門的監獄是導演構建的，我的監獄是誰構建的呢？真有人攔著我去旅遊嗎？真的有人攔得住嗎？為什麼我還是沒有出發呢？這就是因為心障。

三點一線

我在上海經常組織「亂談」會，就是一堆程式師坐在一個咖啡館裡，或者是復旦大學光華樓前的草坪上，在我的主持下聊天瞎扯。有一段時間，我經常問其他參與的人，他們來上海多少年了，去過哪些地方？有些人體驗十分豐富，但是更多的程式師會回答我，來了三、四年，只去過住的地方、附近的超市以及公司，或者最多去過外灘之類的地方。

我就問他們，是真的完全不喜歡出去玩嗎？有些人說是的，但是另外一些人說，也不是，不過覺得人生地不熟的，所以來了上海那麼久哪裡都沒有去過。

然後，我就會問他們，那麼是有人攔著他們去玩，還是說他們沒錢坐地鐵，或者說他們真的完全沒有時間嗎？大家會說，也不是啊。

這是我發現的另外一種普遍存在的心障。

學習的成本問題是不是另外一種心障？

當你推薦一本書給別人時，他們往往會問，這本書厚嗎？需要看多久啊？或者有人直接會在書評裡這樣說，這本書很好，但是太厚，看起來需要半個月，不划算。

又或者，我經常被一些初學者問，Objective-C學起來難嗎？他們聽說至少要學半年才能學會，問，值嗎？再或者，有人會問我，他很想轉行做程式師，但是去××青鳥報一個班，需要一萬塊錢，學半年，性價比怎麼樣？

雖然我內心覺得知識無價，但是當有人這麼務實地問我，我還是會覺得仔細思考性價比、划算與否是很聰明的表現。其實，我有時候也這樣，有很多非常想弄懂的東西，但是發現要弄懂就需要看完一本大部頭的書，或者需要自己潛心搞半個月，最終還是放棄了，感覺不值嘛，人生苦短，那麼折磨自己做什麼？

直到……

我二九歲的那年被診斷出來有二型糖尿病，當然你知道這個病不會立刻要人命，而且也不會有什麼巨大的猝死風險。但是，我就是這麼一個性格，我開始考慮各種終極問題。如果我只能再活五年、十年怎麼辦？這些問題我之前從來沒有想過，但患了糖尿病之後我就開始思考。

思考的結果是，我的一生中雖然有很多遺憾，但是就算只有五年可活，我還是想繼續做一個程式師。那麼如果我還有三十年可活呢？我還是做一個程式師。

那時候，我感覺自己豁然開朗，我當時二十九歲，如果再活三十年的話，也就是五十九歲，程式師這個職業幹到七十歲都可以，何況五十九歲呢？

然後我開始思考，如果有一門語言或者一個技術需要我花半年去學，划算嗎？我發現怎麼都划算。即使是我在一九九二年開始碰電腦的時候學的東西，現在雖然都過時了，我仍舊感覺沒有白學，因為那對我形成現在的系統化思維有很大的幫助，對我理解電腦軟、硬體的前因後果有很大說明，而且學會它們以後我使用了很多年。那麼，還有什麼東西會白學呢？如果學一個東西學了半年，可以用五年，當然不虧啊。如果一個東西需要學兩年，可以用十年呢？也不虧啊。

那天，我覺得我突破了另外一種心障。

《沒問題先生》

金・凱瑞的電影《沒問題先生》裡面有一段，Yes大師說：

Life. We are all living it. Or are we?

Change is generated from consciousness, but where consciousness generated from? From the external.

And how do we control the external? With one word. And what is that word?

Yes.

When you say yes to things, you embrace the possible. You gobble up all of life's energies, and you excrete the waste.

這段大致可以譯為：

生活。我們都在生活。真的嗎？

覺醒帶來改變，但是什麼才能讓你覺醒？外界。

我們如何控制外界？用一個詞。什麼詞？

是。

當你對事物說「是」的時候，你就擁抱了各種可能性。你汲取了生活的全部營養，並且排出了廢物。

當然，我這裡不是想說我們應該對外部世界的一切請求都說「yes」。跟《沒問題先生》的表面相反，但和它的內涵正好一致的是，我覺得你應該對內心的一切請求說「yes」。

記住時刻思考一個問題，我是不是對別人太nice（友好）了，我對自己該不該好一點呢？

不敢追求美好的生活是不是一種心障？

某天，剛剛融了五千萬美元的創業公司的一個技術負責人在新浪微博上發了一條招聘啟事，大意是，不論使用何種技術，只要是水準夠好、熱愛生活的人就可以應聘，最高薪資可以開到五十萬一年。

我的公司還在生死線上掙扎，年薪五十萬我需要嗎？我當然需要，所以我開始考慮，我夠不夠格，我算不算一個熱愛生活的人。如果是的話，我要不要投一份簡歷呢？

然後，一個巨大的問題被扔了過來，什麼叫熱愛生活？我熱愛生活嗎？如果年薪五十萬需要我熱愛生活，ＯＫ，我當然可以熱愛生活，但是我熱愛嗎？

後來，我一直沒有想起來給這家公司發簡歷，但是我卻找到了一把尺去衡量自己對生活的態度。不管遇到什麼事情，我都會問自己，這算熱愛生活嗎？

比如，我目前和一個同事合租，一般是我做飯，但是他去買菜的時候多一些，他總是買一些很常見的蔬菜，比如胡蘿蔔、馬鈴薯、番茄、黃瓜，這幾樣幾乎每次都買。我總是按照他買回來的菜來做飯，有一天我就開始想，這不算熱愛生活啊。我天天吃這幾樣菜，做這幾樣菜，就算沒吃膩，做也做膩了。

於是，我就跟他商量，我說我發下宏願，要把周圍菜市場裡面所有種類的菜都炒一遍，讓他以後買菜時記得買些沒吃過，或者沒有做過的蔬菜。於是，慢慢地，他買回來蘆筍、山藥、茭白、豆芽、荷蘭豆、韭黃等，我們吃得越來越豐富，還發現了很多我們兩個都很愛吃的菜的做法。

有一天他帶回來一個櫛瓜，我小時候吃過無數次，但是很多年沒有再吃過，而且沒有見過做好之前的櫛瓜的樣子。我就問他這是什麼，他說他也不知道。於是我只好拍了張照片，發在微博上，很快，很多人都說這是櫛瓜，我就找了一個菜譜大致看了下處理方法，然後按照自己的想法做了一道菜。結果我感覺很好吃，很久沒吃到這種味道了。

再後來，我乾脆開始擴大烹調的範圍，開始嘗試自己烹調鱈魚、扇貝、帶魚、比目魚，過段時間，我還準備挑戰自己焗龍蝦。

我認為這是熱愛生活。但是這種熱愛，不是說你一定要抽出時間自己做飯，也不是說你學不會做飯也要硬學。

尋找和突破心障的意義在哪裡？

年輕的時候，我是一個效率主義者，吃飯喜歡吃好消化的東西，喜歡吃能量高的東西，喜歡吃得很快，所以長得這麼胖。走路的時候，我會特意挑近路走，甚至跟賽車一樣追求最佳入彎角度等等。學習的時候我也喜歡走捷徑，喜歡各種各樣的技巧，喜歡問這說明什麼，希望找到真理，希望一切都有完美的答案。

隨著年齡慢慢地增長，我才發現，快並沒有太大的用處，很多時候，我們起步得很快，但是放棄得太早。有的時候，我發現真正浪費時間的不是工作效率不夠高，而是在翻來覆去地糾結。

人生是一個很漫長的旅程，我們很難知道它的意義在哪裡。但是人生來就喜歡追尋意義，可是問題來了，「挖土機技術哪家強呢」？你在問這個問題的時候，糾結太多，你會發現最終什麼都沒有學會。你唯一追尋到的是「挖土機技術哪家強」這個問題的答案，不是學挖土機本身。

尋找和突破心障的方法是尋找一種對美好世界和美好人生的漸近解，首先我們承認自己對這個世界的終極一無所知，但是我們知道近一點比遠一點更好，我們不知道完美世界的圖景是什麼，但是我們可以一點一點努力去接近它。我們不知道目標在哪裡，但是從漸近解出發，我們永遠可以找到一個方向，一個清晰的方向，它可以告訴我們，我們一直在前進，一直沒有停歇。

再也不見，拖延症

緣起

小時候，我父母一直教育我要好好學習。小時候的我非常淳樸，上課就非常認真，做作業也是。第一年期末考試前，我說我複習完了，我媽就很擔心我不能耐心複習，要求我再複習一遍，再複習一遍，我還是很快完成了。我媽就非常擔心我還是沒有認真地複習。於是我想出了一個主意，我把語文課本翻到全書的生字索引目錄，告訴我媽，我可以整個背下來。真的背下來後，她相信了。那一年兩科我都考一百分。

後來，隨著年齡的增長，我開始變得浮躁，我發現我還是有點小聰明的，根本不需要這麼認真就可以考到還不錯的分數，而且大多數時候，學校老師教的東西都太簡單無趣，我就慢慢變得沒那麼認真和有激情了。那一年，數學老師做班導師，我當時數學在班裡面最好，於是她讓我當小老師。

有一天，我忘了寫作業，但是我把全班的作業交給她的時候，她問我齊了沒有，我就說齊了，她也沒有確認本數就拿走了。那一天我都很緊張，怕她會發現，結果第二天一早，她讓我把作業發下去，提都沒提我沒交的事情。就這樣，我就開始了連續一年多不交數學作業的日子。有一天，她很生氣，在課堂上很激動地說，某某題已經講過了好幾次，昨天的作業怎麼一個同學都沒做對？她還問我：「郝培強，你怎麼也沒做對？」我支支吾吾的，她就說：「你作業本呢？拿來我看看。」我當然拿不出來，於是露餡了，我人生第一次的「從政」生涯就這麼草草結束了。

也許是那一年養出來的習慣，我放學回家第一件事情就是玩，往往到了第二天早晨，才會去看老師出了什麼作業，在上學前趕作業。這樣當然常常趕不出來。所以就出現了很神奇的一幕，我經常因為成績好得到很多老師的青睞，也經常因為交不上作業被老師罰站。小學的時候，曾經有一段時間，我天天早自習在暖氣片上補作業，那時候，每天一上早自習，我和另外兩個「慣犯」就會自覺跑到暖氣片旁站著寫作業。老師看著也是又好氣又好笑。

到了高中，我長期坐在我們的美女班長後面，她負責收全部的作業，每次她都會扔一個作業本給我讓我抄，我經常選她的來抄。她最不爽的是，我經常邊抄邊給她改錯，從來不肯消消停停地原樣照抄。

上班以後，一開始，公司就在距離我租的房子不到五百米的地方，我很少遲到。然後，過了半年，我換了個房子租，住到了一個朋友家，離公司有點遠，每天搭計程車上班，但是天天都遲到。

後來我聽說了一個詞叫做拖延症，我如獲至寶，終於知道自己有什麼病了。不過既然這病這麼流行，也就無所謂了，不管去哪裡上班，我都遲到，不管寫什麼文章，我都拖稿，不管做什麼專案，我都delay。朋友有時候說起，我就一攤手，我有拖延症啊，你拿一個「病人」該怎麼辦？

轉變

直到去年我喜歡走路開始，我才意外地發現，不管去哪裡，雖然是靠走路和坐地鐵，我卻從來都不遲到。我一開始還以為有什麼魔法，不是汽車更快嗎？不是搭計程車更舒服嗎？為什麼坐地鐵和出了地鐵之後走很遠的路，反而會更快到達目的地呢？我開始仔細觀察自己，我發現，搭計程車三十分鐘你可以舒舒服服地玩手機，所以在你的感覺裡就跟五分鐘一樣；而走路五分鐘，因為你懶，你就覺得跟三十分鐘一樣。我們的感覺並不能切實地表達這個世界的真實。

而地鐵和走路基本上是速度恆定的。搭計程車則受路況的影響非常大。同樣一段路，運氣好的時候十分鐘就開過去了，運氣不好的時候可能堵四十分鐘。我們選擇搭計程車往往都是因為時間已經來不及了，很著急。因為上車以後，幾點到就不受你控制了，你的急躁就得到了一定的緩解。但是，如果你想要一個穩定的速度，有時候略慢一點的地鐵是更好的選擇。

這使我開始思考，關於著急和快的關係，我們的直覺往往是錯的。我在前文中講過，大多數人以為自己求快，但是他們只是著急，所以，實際上反而快不起來。

這之後，我就變成了一個非常守時和可靠的人，跟朋友約會，往往可以做到非常精確地準時到達。如果行程比較不可控，我就會選擇早點到，看看書，休息休息之類的。

增強

這之後，我就開始思考其他的拖延問題。我發現其實並沒有一個統一的原因造成我的拖延。

有些文章老是拖稿，為啥呢？我是出了名的「快槍手」，寫一篇文章往往就是想好創意以後十分鐘寫完。拿《我是怎麼學英語的，四級沒過如何突破聽說讀寫》這篇萬字長文來說吧，其實我也就寫了一個白天，五、六個小時，基本上就是除了喝水、上廁所、找Wi-Fi（無線網路）和走路的時間以外，寫的時間都是在飛快地打字。但是，我以前確實經常拖稿。那時候寫東西一樣快，只不過經常答應媒體寫一些我自己並不一定有感覺的命題作文。想通了問題在於命題作文後，我就再也沒有拖過稿了。要寫就寫自己有感覺、有體會的話題，所以寫文章都可以一氣呵成，幾乎完全不加修改。（因此，經常會有些筆誤，但是我不在乎，當內容完全超越形式的時候，形式的價值就不大了。）

以前我跟大家一樣，制訂的英語學習計畫老是完成不了。我仔細審查了一下發現，原來是因為計畫太過急進，同時節奏並不合理，沒有合理地分解流程。如前文提到的我學英語的方法，就很簡單。我不再做什麼每天背多少單字、每天看多少文章的計畫，我只是簡單地把全部娛樂變成了不加字幕的美劇。（活人不要被尿憋死，經常有人問我，找不到這樣的美劇怎麼辦？找得著就看，找不著就用東西把字幕遮著看。當你快餓死的時候，碗裡面有肉，有筷子你吃，沒有筷子你就不吃了嗎？）結果兩年下來，達成的目標遠超那些天天辛苦背單字的人。

所有所謂的拖延問題都被我解決了，但是我從來沒有去解決過一個叫做拖延症的東西。拖延症這個概念是對人有害的。因為每個人的拖延都有無數的原因。假想存在一個具體的病症，而不去針對具體的事情具體分析，這是很多人的拖延症永遠得不到解決的要因。

其實方法很簡單，找到生活的意義。

然後，一點一點，一件一件地解決你身上的問題，從小的問題開始，一點一點地放大，追求持久化，追求自我完善，追求成長。

是吧？

一個國中肄業生的奮鬥

我認識我的前妻是在二〇〇八年的時候，那時候，我和朋友開了一家技術諮詢公司。後來，有一家做積分之類的網站找到我們，說他們的系統穩定性太差，問我們能不能解決。當時那家公司離我家比較近，就由我主要負責這個專案。

那家公司人不少，不過做技術的只有幾個人，跟我接洽的主要就是我前妻和另外一個小夥子。談了一段時間的方案，後來，我開始介入他們的開發流程，當時我前妻負責的內容最多，所以我跟她打交道很多。

她代碼寫得有點亂，所以，我就問她是什麼學歷，她就說是某大學畢業，後來上了××青鳥的培訓班學的程式設計。

我們業內一般都喜歡嘲笑培訓班出來的學生，有幾個原因。

一、求職簡歷都寫得完全一樣。你第一次收到某培訓班學生的簡歷，可能感覺還不錯，覺得學生懂的東西不少，參與的專案也有點意思，說話也頭頭是道。然後，當你發現後面三十份簡歷都幾乎一模一樣的時候，你就會想說，這個樣子的簡歷一份也不想要了。

二、缺乏自學能力。很多人就是因為覺得自己沒有自學能力而去了培訓班，去了以後，覺得「讓我學會」是老師的任務。這樣的學生，即使最後學會了老師教的一切，往往也是廢的，因為東西稍微變化一點他們就學不會了。

三、不懂得任何良好的編碼習慣和調試、調優技巧。培訓班的老師們把課程全部都灌輸給學生已經夠困難了，這些自然就是奢談。當然，大部分大學教出來的學生也是這樣的。這些東西太龐雜，太煩瑣，靠看書和老師教很難習得。必須自己不斷地去做東西，在這個過程中不斷地改進自己。

四、很多老師和培訓機構為了追求就業率，傳授各種簡歷製作和面試技巧，甚至不惜幫助學生作弊，統一教出來，所以學生們的簡歷和說話都是一個味道。

五、因為無知而狂妄。

我個人從來不會鄙視任何一個從培訓班出來的學生，但是，對這種現象，對不能跳出來的人，自然也沒有什麼尊重。她倒是有點不同，對我特別客氣，什麼都問，什麼都想知道。我對所有可以虛心學習，並且有一定悟性的人，都很友善。

我就發現她最大的問題在於完全不懂好的編碼習慣是什麼。甚至到了基本上不用函數的程度。她當時在那家公司寫ＡＳＰ（動態伺服器頁面），代碼都是麵條型代碼，一個頁面可以寫到幾千行，但是一個函數都沒有。自然遇到了問題也不知道怎麼解決，也沒有任何簡單的調試技巧。更重要的是，即使找到了問題，改起來也經常出問題。

於是，我就開始教她什麼是函數，什麼是抽象，為什麼代碼要工整，為什麼要縮進對齊。

這些東西她慢慢學會了以後，代碼品質就提高了很多，出的問題也越來越少。

她很高興，說要請我吃飯。我當時收入高她很多倍，當然不會讓女孩子請我吃飯了，於是我就請她吃飯。慢慢地交往越來越多，後來我們就在一起了。

在一起以後，她才告訴了我很多她以前的事。

她老家在一個農村，父母務農，姐姐從小去北京打工，哥哥們也都在外地打工。她小學成績還不錯，到了國中，上學也沒有心思，結果國中沒上完就輟學了。她在家裡務農，幫父母做做飯，放放羊，做些農活。到了十六、七歲，她姐回老家的時候說，小丫頭這麼小，在家裡務農就廢了，既然不上學就跟她去北京打工吧。

她就這樣來了北京。她姐嫁了一個本地男人，剛生了孩子，她來北京的第一份工作就是幫姐姐帶孩子。孩子上幼稚園後，她和姐姐一起在門口的小餐廳、招待所打工，端盤子、洗床單、鋪床單等等。

後來，她姐覺得要學一門手藝，於是去了理髮店打工。因為她姐學得很快，又會打交道，慢慢地就成了理髮店的頂樑柱，也成了女老闆的好朋友。然後有一天，理髮店的女老闆問她姐想不想自己開店。她姐其實很有野心，就答應了，回家後兩口子湊了點錢，又借了點錢，把店盤了下來。

然後，她就跟著她姐一起學理髮。

那是北京胡同裡面的一家小理髮店，客戶都是周邊的住戶，以大爺大媽為主。她在這樣的理髮店裡面做學徒，月工資也就八百元，住在姐姐家裡。

有一天，來了一個小夥子理髮，這個小夥子西裝筆挺，背一個乾淨的公事包，看起來很精神。她很少見這樣的顧客，就跟他攀談起來。小夥子說自己是北京工業大學畢業的，畢業以後，上了××青鳥培訓班學程式設計，現在寫程式一個月可以掙八千元。她當時就傻了，整個胡同裡面都是些北京糙老爺們兒，都是做一些扯淡的事情，她還沒見過正經上班，而且掙那麼多錢的年輕人。

她就問了一個改變她一生的問題，她問，她國中都沒畢業，可以去學程式設計嗎？那小夥子說可以。

於是，雖然她從來都沒有碰過電腦，也不知道什麼是程式設計，但是她已經有了一個理想，那就是做程式師，一個月掙八千元。

她跟姐姐商量，她姐說：「你國中都沒畢業，腦子不好使，學不會的，程式師都是聰明人做的。」她其實也不知道自己能不能學會，但是月薪八千元太誘人了，就繼續死纏著她姐。

最後，她姐夫問：「學××青鳥要花多少錢？」她說：「買電腦需要八千元，學習需要一萬元。」她姐夫就說：「這些錢咱們有，既然丫頭有這個想法，咱們就讓她試試吧，萬一學不會，電腦也不會浪費，咱們可以自己留著玩遊戲看電影。」她姐拗不過這兩個人的意見，最終同意了。

於是，家裡買了一臺電腦，給她報名上了××青鳥。

她說，第一次上課的時候，老師課後說，請大家把今天的資料用隨身碟拷貝走，然後關機下課。她悶了一天，終於跟旁邊的人說了兩句話，一句是問什麼是隨身碟，一句是問怎麼關機。

半年後，培訓結束，她開始找工作，費盡千辛萬苦，找到了第一份工作，月工資一千八百元，幹了不到三個月就被開除，因為不會的東西太多。第二份工作，一個月二千元，也沒幹滿三個月。我認識她的時候，那是她的第三份工作，她勉強做下來了，雖然代碼寫得不夠好，但是畢竟沒有被開除。當時她一個月掙二千四百元。

我當時就問她，二千四百元固然比八百元多，但是做學徒包吃包住（雖然是在她姐家，但是去別家也差不多），八百元花不了多少，而且幹滿一年多、兩年的話，工資差不多也能漲到二、三千元。相比之下程式師其實賺得也不算多吧？

她就說，當找到第一份工作的時候，她就買了白襯衫、西褲、皮鞋，感覺自己是一個白領。以前端盤子、理髮，都像是伺候人的活兒。而且她覺得自己現在本事不大，掙少點合理，未來一定可以掙到八千元。

後來，她所在的公司跟我們公司賴皮，想賴掉諮詢費，甚至拿我和她談戀愛說事。我的合夥人去起訴了那家公司，我們贏了，拿到了諮詢費。我跟她說，這家公司太不可靠，哪裡都有好工作，就讓她辭職了。

後來，我告訴她PHP市場比ASP大，她就開始跟我學，學了一段時間，然後找了一份新工作，一個月掙到了四千多元。

後來，我們結婚了，她懷孕了，生了我們家小寶貝郝依然。斷奶以後，她想去上班，希望我能幫她找一個收入可以提高，而且可以鍛鍊自己水準的工作。

我當時就問了問朋友們，我有個好朋友老劉當時在某家公司負責技術，他那裡正好缺人。我就把我前妻的情況跟他說了下，他說：「咱們關係雖然好，但你能不能坦率地說，你老婆的水準到底如何？」我說：「PHP是初學，以前寫過幾年ASP，水準一般，經驗還不夠，但是優點是非常聰明，而且非常肯學。」

老劉說：「可以讓她來，但是我先說明白，即使是你的老婆，我該批評該罵也不會客氣。你們要想清楚，別到時候被我罵哭了，又走掉，就浪費大家的時間和精力了。」

我就跟我前妻說明了情況，老劉技術很好，對人也很嚴格，在他手下工作成長得會很快，但是他性子特別直，不會因為我們的關係就對她特殊照顧，如果她不能努力的話，很可能就沒辦法站穩腳跟。

結果她信心滿滿地答應下來了。

然後第一天下班，她到家就抱著我哭，我問她怎麼了，她說老劉罵人太狠了，要求太高了，她哭了一整天了。

我說：「那就算了吧，哪裡找不到一份工作呢？」

她說：「不，我覺得老劉罵得對，這樣對我嚴格要求，我會成長得很快的。」

於是，每天回家她都哭，但是哭的次數越來越少。

有一天，我打電話問老劉，問她做得如何。老劉說，基礎真是差，但是人也真是好學，怎麼罵都只是哭，從來不發脾氣，哭完了認認真真做事情，做完了才走。轉正後，她月工資到了六千元。

到今天，老劉和我前妻都還是好友。

又過了一、兩年，我在北京創業失敗，要去上海的盛大工作。她也要跟我一起去上海。老劉他們公司非常捨不得她，甚至給了她繼續遠端工作的許可權。但是因為網路延遲的問題，工作起來非常不便，最後她還是辭職了。

她沒了工作以後，情緒很不好，也經常覺得很無聊，我們經常吵架。我就跟她商量，與其現在找工作，不如趁機學習iOS開發，行業正在起步，機會非常多，容易拿到高薪，而且現在學可以跟很多資深的程式師站在同一起跑線上，非常划算。

她後來就聽了我的話在家裡學習，但是她可能還是缺乏環境，而且對iOS信心也不足，學得非常慢。

後來有一次有一個朋友約我喝茶，我就拉她去。那個朋友一個勁地跟我訴苦，說iOS程式師不好找，月薪已經開到上萬塊了，還沒找到程式師。我們就一起聊了下這個專案，專案本身挺有意思，但是因為一直找不到合適的人，基本上停工待料，在空轉之中。我就暗暗捏了一下她的手。

然後，我說，我老婆做iOS做得還不錯，不過最近一直在幫我做一個朋友的外包專案，走不開，要不然一個月以後那個外包專案結束了，就讓她去幫他。那個朋友非常高興。我就繼續問，如果她過去，他可以開多少。他說：「你說個價格吧。」我說：「一萬二千元吧。」那個朋友答應了。

回家，我問她：「一個月一萬二千元，工資翻一倍，你學習有動力了吧？」

她說：「當然，我保證可以學會。」

一個月以後，她去上班，興高采烈的。不過下班回來，她說專案好複雜，不知道自己能不能搞定。我也有點擔心。過了幾天，她說：「我們老闆想請你吃飯，今天晚上下班你來接我，我們三個一起吃個飯吧。」

我心說，難道是她幹得不好，要被開除了嗎？

到了那裡，寒暄了幾句，我就怯怯地問，她做得如何，她老闆非常高興地說，太好了，之前拖了幾個月完全沒有進展的東西，現在全都動起來了，她簡直是他的救星。

後來又過了一年多，我們兩個感情越來越差，漸行漸遠，慢慢地感情不再，最後離婚了。

離婚後，她回到了北京，在朋友的介紹下，進了三六〇網路公司，月薪一萬五千元。當時她所在的部門，大多數人都來自微軟，至少是工作四、五年的程式師。她是技術最差的，不過人緣不錯，也很好學，很快就站穩了腳跟。

一年多以後，很多同事跳槽，紛紛拉她去，最後她跟著一撥同事去了另外一家目前如日中天的公司，月薪一萬九千元。

再後來，幹了一年多後，她又跳槽到了另外一家BAT級（指巨型網際網路企業）的公司，年薪四十萬元。

頭些日子，入職以後，她轉發了一封郵件給我，是她發給那家公司HR的信，大概內容是：

我發給你的簡歷上寫我畢業自某某大學，但是實際上我最高的學歷是國中，甚至都沒畢業。我是在××青鳥培訓以後自學這麼多年的，不過我曾經服務於三六〇和某某公司，這些公司的同事都知道我的學歷很低，但是他們都可以證明我的工作能力。我之前給你們假的簡歷是怕初篩的時候就把我刷掉。現在既然已經過了全部筆試面試，我不想欺騙你們，如果你們覺得我的學歷是不能接受的，就請收回offer（錄用許可），如果你們覺得可以接受的話，我馬上就可以辦理入職手續。

最後，這家公司的HR回信讓她盡快入職。

她在那個公司幹了幾個星期以後，已經是自己所在小組的骨幹了。後來部門主管還找過她，認為她做得不錯，希望她轉行做這個組的team leader（團隊領導），但是她覺得自己應該在技術領域再學習一段時間，暫時拒絕了。

我還見過很多很多例子，所以，我看人從來不看起點，只看一個人是不是努力。

我很市儈地把她每一個階段的工資都列出來，其實也是想說，這是一個從月薪八百元到年薪四十萬元的緩慢歷程，說起來很簡單，但是裡面其實有無數的艱辛。

我以前跟很多人講過這個故事，有人說她運氣很好，遇到了我。我也很得意，在她的成長過程中，我幫助了她很多。但是，我認為我能起到的只是催化劑的作用。根本原因在於她是一個對的人，遇到了我這樣的人，可以加速成長，沒有遇到我，也許她成長得會慢一點，但是也會成長。

我寫這本書，從來不想成為諸位的推動力，如果諸位學習成長還需要人推的話，sorry，我不認為你們是我的讀者，或者說，不是我要的讀者。我希望你們每一個人都是自己有動力的，自己希望成長，自己付出努力的人。在這個前提下，你有些困惑，也有經驗不足的地方，我可以盡全力去幫助你。

前方沒有終點，一切都有其可能性。我相信這本書的大多數讀者，起點都比我前妻高。她並不是天賦異稟，只是執著地去追求自己的幸福和成長。雖然我們最終選擇分開，但是我一直對她的信念心存敬佩。我相信，我的讀者裡大多數人的成就會遠超我的前妻，也遠超我。因為你們更年輕，更早有機會懂得很多我到今天才參悟的道理。

技術總監Sycx的故事

其實我在各種演講裡，線上下吹牛時無數次提及他，講過他的故事，但是沒有認認真真地詳細講過一次，所以，今天就講講他的故事吧。

入職

二〇一〇年，我剛開始這一次創業的時候，剛剛拿到投資，辦公室還沒租，一切都在草創階段，我收到了一封郵件。大意是，他叫Sycx，從福建來，是Tiny4Cocoa論壇的用戶（我的論壇OurCoders.com的前身），想在上海找一份iOS的工作，想聽聽我的意見。

這樣的郵件當時我一年怎麼也要收到幾百封，我也見過很多年輕人，於是我就答應他了，約在世紀大道附近的一個星巴克見面。

第一眼見Sycx，我感覺他是一個很靦腆的年輕人，個子不高，穿一件「宅T」。

我問他為什麼要來上海找工作。

他說，他是福建的，本來想找家附近的工作。但是整個福建好像都沒有啥IT公司，他找到的唯一有iOS工作機會的公司，還是一家做盜版的公司，所以，就想找外地的工作。想了幾個大城市，感覺北京太冷，覺得廣州、上海都可以，不過查了下發現上海的漫展比較多，於是想來上海。

我心想這孩子要不要這麼「中二」啊？

我就問他為啥學iOS開發。

他說，他本來買了一個挺貴的Nokia（諾基亞）手機想學塞班開發。然後，逛街的時候手機被小偷偷走了。

這時候，我已經快笑出聲了，心想這是什麼笨孩子啊。我問，然後呢？

他說，之前買了一個聽歌用的iPod touch，於是他就想乾脆學iOS開發吧，他把家裡的電腦裝上黑蘋果系統，就開始自己學。

我問他學了多久。

他說學了半年的樣子。

我其實對用黑蘋果學iOS開發的人有點成見，因為我在網上見得太多了，很多人費盡心力想省錢，安裝一個黑蘋果來學iOS開發，學來學去，學成了黑蘋果專家，但是iOS開發呢？根本沒有動手。

然後，我問他什麼學歷。

他說，他畢業於××職業技術學院，學的是網路遊戲建模。

我問他為什麼學這個專業，他說他的專業有兩個方向，另外一個方向是網路遊戲程式設計，但是老師說，其實學校沒有老師可以教這個方向，所以，他才學網路遊戲建模。

我心說，這上的是什麼垃圾學校啊。

然後，我問他：「大學畢業了你在做啥？」

「我留校當了半年的機房管理員。」

「然後呢？」

「然後，我去電腦城做技術員，做了七天就被解雇了。」

「為啥？」

「本來是我同學介紹另外一個同學去，然後被那個同學放了鴿子，就問我去不去。我想閒著也是閒著，就去了。」

「然後呢？」

「然後待了七天，老闆說，你怎麼連跟客戶說話都不會，一臺電腦也沒賣出去。我才知道，原來是要我賣電腦的。我還以為我是負責修電腦的。」

然後他無辜一笑。

我快昏倒了，這是什麼白癡孩子啊。「然後呢？」

「然後，我在家裡窩了半年，覺得要出去找工作，就買了一個Nokia想學塞班開發，還丟了。」

嗯，我基本上明白這個孩子的故事了。

簡單點說，這就是一個普通大專畢業的孩子，找了兩個不怎麼正經的工作，都沒做好，運氣和腦子還不好，生活、做事情都吊兒郎當，自學塞班開發都能以丟手機告終。我估計這孩子iOS開發也學得不怎麼樣。

我開始考慮該怎麼安慰這個孩子，再勸勉一下，告訴他如果不努力一輩子就這樣庸庸碌碌下去了。

然後，我問他，他自學了半年的iOS開發，有沒有做過自己的APP。

這時候他拿出他的iPod touch給我看一個聽歌軟體，介面居然很清爽。現在想想倒也沒有什麼特別出奇的部分，但是，清爽、乾淨、邏輯清晰，一點基礎加自學半年可以到這個水準，確實有點驚到我。

但是，一個聽歌軟體在網路時代不能自動下載歌詞總是有點遺憾，我就問他為什麼沒有做。

他說，這是發布到APP Store的版本，他最早做的版本是可以自動下載歌詞的。但是提交到APP Store的時候被拒絕了，因為提供歌詞會侵犯歌詞作者的版權。所以，他最後做了一個「閹割版」提交到了APP Store。

這時候，我突然有點小激動。就問他：「你英語好嗎？你是怎麼提交到APP Store上面的呢？」

如果不是做這個專業的，你可能理解不了。那時候iOS開發剛剛興起，大多數人能學會iOS開發已經不錯了，很多人學會了怎麼做iOS開發以後，就是學不會怎麼把APP提交到APP Store。原因很簡單，提交一個APP，需要在蘋果的純英文網站上，做很多步的操作，還要填寫英文的說明等。像他這樣提交以後被拒絕一次，又重新上傳成功，則更複雜，往往需要用英文跟APP Store的審核員對話。

他說：「我英語不好，學iOS開發的時候看不懂文檔就查詞典，現在文檔都看得差不多了，不需要查詞典也可以看了。提交的時候，看到英文單字不認識，也是一個一個查詞典搞定的。」

到了這個時候，我已經基本確定這個孩子我要定了。

從他的學歷和他之前的經歷來看，我相信大多數可靠的公司不會要一個聽起來這麼不可靠的孩子。但是，從他自學iOS半年的成果來看，我覺得他是一個很有潛力的孩子。

我認為可以自我學習、自我成長的人都是前途不可限量的。

於是，我就跟他說：「我覺得按照你的簡歷和你剛才描述的從業經歷來看，在上海你可能很難找到不錯的工作。我的公司剛剛起步，急需用人，我從你的自學經歷來看，覺得你是一個可造之才。如果你願意來我的公司工作，我可以給你開稅後××元，雖然不多，但應該是一個不錯的開始。如果你能一直努力下去，我相信你會有一個很好的前途。」

他擺出一副「好在你要了我，否則我也不知道該怎麼去唬弄別人」的表情，爽快地答應了。

於是，我的公司就有了第一個員工——Sycx老師。

成長

公司開張後，我開始給他安排工作，公司當時就我們兩個iOS程式師。一開始，主力是我，我讓他做一些輔助性的工作。做著做著，我發現他做得又快又好，我就開始給他分配更多的工作。然後，我發現他仍舊可以又快又好地做完的時候，我就開始慢慢調整，讓他做專案的主力，我來做輔助性的工作。

又過了一段時間，我發現我連輔助性的工作都不需要做了，他完全變成了公司的主力，我把更多的時間和精力花在了伺服器端的工作上。

我覺得他超過了我把他招進來時的預期。其實我一直覺得自己是一個自學能力很強的人，我也有一些朋友是這樣的人。但是，我不知道我自己開公司的時候能不能招到這樣的人。發現他是這樣的人以後，我就覺得我終於找到了我可以去管理的員工了。

我開始給他一些壓力，交給他一些他當下可能不能很好解決的問題，一點一點地加壓，他一次次都在沒有求助我的前提下把問題解決了。

LBS（位置服務）地圖

有一段時間，我很看好ＬＢＳ，很想做一個ＬＢＳ的社交應用。我想把一個人的通訊錄裡面的全部位址資訊，用Google map（谷歌地圖）反查出經緯度，然後都顯示在地圖上。這個不是很可靠的需求最早來自我一個朋友。我確實也有類似的想法，於是就讓Sycx去做。

他做了一天後，就給我做好一個Demo（演示）版本，基本上跟我的預期很像，但是，我的通訊錄裡面在上海的人很多，大家在地圖上的圖示都重合在一起，想點任何一個具體的人都點不到。

我就讓他去找一個地圖點聚合的演算法，把這些距離特別近的人，聚合在一起顯示成一個數位。

半天後，他給了我一個新的Demo，很漂亮，顯示效果很好，在他的手機上也很流暢，但是在我的手機上卡得不行。因為我的通訊錄裡面有五、六百人。我就跟他說：「你要把這個演算法優化下，我要的是同屏顯示五千個人都不卡。你要理解，螢幕不顯示的部分都不應該參與計算……」

過了一個晚上以後，他給了我一個新版本，達到了我的要求，同屏顯示五千個人都不卡。

然後，這件事情我就忘掉了。直到半年後，有一個技術會議，我是出品人，在尋找演講者，實在湊不夠數了，我也希望他鍛鍊表達能力。我就問他，我們最近做的專案，有沒有技術上比較複雜、比較有意思可以講講的。

他摸了摸頭說，都沒啥可講的。這孩子啥都好，就是表達能力很差，也沒有同理心，在他看來我們做的專案都不是很難。實際上，這個地圖同屏五千個點的聚合演算法還是挺有技術含量的。但是他說不出個所以然，我只好在黑板上列了個題目，然後一步一步地問他，之前的速度和後來的速度差了一千倍，是怎麼一步一步優化的。他找來了代碼，在我的追問下，一點點回憶。

原來裡面包含了數字計算的精度降低、屏外剪枝、從排序選擇最佳代表點改為隨機選取代表點、動畫提交合併等七、八項大的優化，這一切都是他一個晚上邊分析邊搞定的。

LBS口袋妖怪

有一段時間，我想嘗試做遊戲，當然後來發現由於團隊構成的問題，我們可以寫一個遊戲出來，但是美術、策劃、營運方面的事情我們搞不定，所以就放棄了。

我當時設計的遊戲是在手機上基於實際地理位置的口袋妖怪。因為我們缺乏設計方面的人才，我就讓他去把口袋妖怪的圖片資源和數值扒過來，在開發階段直接用，等到我們有了自己的設計、策劃力量以後再替換過來。

他研究了半天告訴我，網上有口袋妖怪的wiki網站，裡面幾乎包括了我們需要的全部資料，我說那太好了，直接用吧。

不到一個星期，在iPhone上的口袋妖怪戰鬥場面，他就做出來了。

這個專案我最終還是放棄了。不過我還經常在飯局上把我們做的半成品給朋友看。有一次，我和Sycx還有我的好朋友莫老師吃飯，莫老師問起我們在做什麼。我想讓Sycx鍛鍊下，就讓Sycx來介紹，他又扭扭捏捏半天，啥也沒說出來。

我就開始講，我們做了一個遊戲，準備用口袋妖怪的資料，幸好網上有個口袋妖怪wiki，有幾乎包含全部口袋妖怪資料的資料庫，我們把這個資料庫……

這時候，他打斷了我，說沒有資料庫。

我說：「沒有資料庫，你是怎麼導入的？」

他說：「只有一個wiki，我自己寫了一個爬蟲，把wiki的頁面全部爬了下來，然後生成了一個資料庫。」

莫老師說：「不錯啊，做iOS的小夥子還會做爬蟲。」

他說：「為了這個專案現學的，很好玩。」

我在旁邊倒了一杯冰啤酒，抿了一口，心說：我手下的人可靠吧？連我都不知道他還做了這麼多額外的事情，悄無聲息的。

排版專案

公司後期其實有點混亂，因為一開始瞄準要做的ＡＰＰ推薦網站，我們沒有做好。而我們做的其他ＡＰＰ大多數也不賣座，偶爾有幾個反響還不錯的，下載量、購買量都微不足道。有一段時間，我很消沉，不知道該怎麼突破。

後來，我想不管公司如何，我們做點純技術的東西，說不定可以拯救公司。那時候，我很看好蘋果做的iBooks author（一款電子書製作工具），用它可以輕鬆做出來能在iPad上使用的圖文並茂、有多媒體的交互電子書。但是，這個軟體是和蘋果的iBooks store綁在一起的，因為政策和法律的原因，蘋果的iBooks store根本沒有進入中國。

於是我想了一個辦法，我們能不能自己做一個相容iBooks author格式的閱讀器，這樣蘋果的iBooks author就等於成了我們的編輯器。

我花了一天的時間去分析iBooks author的檔案格式，弄明白了以後，我把Sycx找來，跟他說了我的想法。

嗯，他也不是萬能的。他覺得我犯病了，說：「這東西蘋果不知道找了多少工程師做，咱們肯定做不出來，你最近是不是沒吃藥啊？」

我當時沒有理他，第二天我去深圳做關於盜版的演講，在深圳的日子裡，我不停地寫代碼，回到上海我也在寫。三天後，我給他看了我做的一個Demo，把一個iBooks author做的檔解析出來，把一個章節的標題和正文都顯示出來，當然，版式格式都是錯的。但是怎麼獲得版式、格式的資訊我都知道了。

給他看了Demo，他受到了某種震撼，然後我給他講了一遍格式和我的思路。我問他懂了嗎，他說懂了。我問他看代碼需要多久，他說半天吧。

第二天，我問他看懂與否，他說看懂了。我說：「這個專案你來領導吧，需要我做哪個模組，你來安排。」他說：「算了，你的代碼太爛了，我自己來寫吧。」

從那以後，我們公司的主力代碼，我就幾乎沒有參與過了。他確實對得起這句話，後來沒讓我麻煩過。

這個專案，我們做得很酷，包括他在內，有三個程式師一起在做，他領導。我制訂的計畫是完全敏捷和反覆運算的。專案開始，這個APP就可以執行，一個反覆運算週期一個反覆運算週期地增加新的功能。專案開始一個月後，我就用它掙了十多萬元。而這個專案真正做完第一期是一年後，可見我們的反覆運算做得多好。

他做了這個專案的主力和負責人後，我就徹底解放了。在一年多的時間裡，我就用這個半成品去掙錢，去融資，去跟全上海的出版社推銷我們的產品。

裁員

然而，雖然我很賣力氣地去談投資，找客戶，公司最終還是遭遇了很大的危機，錢花得差不多了。投資沒有找到，手頭的幾個客戶也不足以支撐公司繼續營運。我可以選擇維持現狀，再強撐兩個月關門，不過我的投資人建議我裁員到最小規模強撐一下。於是我仔細算了算成本，選擇保留一個最小的團隊，就是我、Sycx 老師和我們的行政，當時剩下的錢還可以繼續撐不到一年的樣子。

於是公司就在只有我們三個人的情況下，繼續支撐下去，繼續做產品，直到幾個月後，我們找到一個新的客戶，有了新的收入來源，才免於倒閉。到現在我們開始慢速擴張，又招了些人回來。

iOS轉Android專案

後來，客戶需要我們提供一個Android版本。怎麼做呢？我們現有的產品非常複雜，重新寫一個Android版本出來可能耗時太長。而且，我們的產品仍舊在不斷地反覆運算和改進之中，真的寫了一個Android版本以後，我們就需要同時維護兩份不斷反覆運算和改進的代碼了，我覺得專案管理難度非常大。

於是我想了一兩個星期，有一天我就跟Sycx商量。我說，重新做一個Android版本不難，以我們團隊的學習能力，幾天就可以學會Android開發，開發一個Android版本。因為我們有之前的經驗積累，也不會太慢，也許三、四個月就可以搞定。但是，問題是我們要同時維護兩份不斷反覆運算和改進的代碼，我覺得太難了。

他覺得也是。

我說，所以我想到的方案是我們把蘋果的開發環境，Xcode、LLVM、Cocoa touch全部都移植到Android上去。這樣的話，實際上我們在業務邏輯上還是一份代碼。雖然也是兩個專案，但是這兩個專案完全垂直，互不干擾，管理起來就簡單多了。

目前客戶只需要Android版本，可是如果有了把蘋果開發環境移植到Android的經驗，假設客戶未來需要用到WP平台，我們也可以迅速搭建出來一套系統。

他表示認同。

我說我們現在最重要的就是弄清楚大概的邏輯和時間計畫，我初步估計他可以在三個月內完成底層的移植，這部分很困難，但是工作量不會很大，大量的工作是反覆地調試和解決部署問題。這部分是Block（障礙）型的任務，這部分完成不了，後面的部分根本談不上解決。

如果這個階段搞定了，後面有大量的庫需要我們自己去實現，但是在Objective-C的基礎上去實現，技術上難度並不高，我們可以很輕鬆地搞定。

他也表示認同。

然後，我大概介紹了下我的前期調研，有哪些開源庫跟我們要做的事情比較接近。給了他三天的時間，讓他去調查分析，了解我們需要做的這麼一個大工程裡面，哪些東西是已經有開源庫可以實現的，哪些東西是我們必須自己實現的。

三天後，他給我講解了最流行的三個類似的開源庫。我們仔細討論了一下，然後專案就正式開始了。

他開始了歷時三個月的、移植一個沒有UI(使用者介面)的iOS程式到Android的歷程。

在此之前，他沒有做過Android開發，對Linux底層開發也不是很了解，甚至不了解Makefile等東西。但是這三個月過後，他已經是跨平台編譯專家了，對LLVM、GDB等都爛熟於胸。大概就在三個月整的時候，我們內部做了一個演示，他已經可以做到在Xcode下打開一個完全沒有UI的iOS代碼，用Xcode把它編譯到Android上去，並且用Android內建的GDB看到這個程式的輸出資訊。

然後我們就開始移植Cocoa touch庫，大概就在整一年的時候，我們基本完成了設計目標。

結論

Sycx剛進入我的公司的時候，我就知道他可以成長為一個非常優秀的程式師。但是幾年下來，他達到的高度還是讓我很驚訝。

我很喜歡這個孩子，因為我從Sycx身上可以看到我年輕時候的影子。唯一的區別是，我年輕的時候，沒有遇到像我自己這麼厲害的主管。我願意全力去指導和教育他，也是從我自身的經歷出發，我知道一個有想法、肯努力的年輕人，在合適的教導下，可以發揮出什麼樣的能力。

Sycx和我的前妻，還有我自己，都是我寫這本書的主要原因，我前妻國中沒畢業，我的技術總監來自一個普通大專，我自己做的第一份工作的主要內容，是在辦公室裡，趴在地上幫同事把踢掉的網線接上。

我們三個人的共同點是我們做自己喜歡的事情、有激情的事情的時候，不需要別人監督，不需要別人指導，樂於自我學習，自我成長。我們雖然不是傳統成功學意義上的成功人士，但是都做出了一些自己和外人不敢想像的事業。這就是我認為的成功。

我覺得大多數人的條件跟我們其實差異不大，都有機會獲得自己的成功，問題是能不能走上一條自我學習和自我成長的路。

第三章

終身學習：用長線思維看人生

用長線思維看人生

我一直覺得投資跟我沒有關係，我總想著有一天可以做出點什麼東西，發個大財，然後再去考慮投資和理財。然而現實給了我一次沉重的打擊。Bill Gates（比爾・蓋茨）二十歲的時候就創辦了微軟。Jobs（賈伯斯）在二十一歲就創辦了蘋果公司。而二十一歲的我走了一段彎路，剛剛大學畢業。我當時也不知道他們兩個都是先退學後創業的。我沒有膽量退學，懵懂地進入社會，一點點摸爬滾打，到了二十九歲才開了第一家公司，但是到了今天也沒成就什麼事業。

過了二十一歲以後，我一直用Craig Newmark（克雷格・紐馬克）的故事激勵自己。這個故事是這樣的：

有人曾經在美國的論壇問，矽谷有無數少年成名的故事，Gates啊，Jobs啊，還有Zuckerberg（祖克柏）等等，有沒有年紀比較大的人創業成功的例子。那個人說，他已經三十多歲了，不知道還有沒有勇氣去創業。

當時Craig Newmark就留言說，他是四十二歲才創業的，做了一個網站叫做Craigslist（克雷格列表）。

知道Craigslist的可能不多，它是全球分類廣告網站的鼻祖，五八同城[8]、百姓網[9]都是學它的。Craigslist至今沒上市，所以也沒法說它市值有多高，不過年收入至少超過十億美元吧。還有很多流行的APP其實很大程度上脫胎於Craigslist，比如Airbnb（愛彼迎）最早的用戶都是從Craigslist來的。

然而，這樣的激勵作用越來越小了，因為我已經四十多歲了。如果再過幾年，我估計只能用姜子牙八十歲出仕來安慰自己了。

8 五八同城，簡稱五八，是一家位於中國北京市的生活服務及分類資訊網站，以在地服務為主，舉凡租房、招聘、交友、水電、二手交易等等。

9 百姓網成立於二〇〇五年三月，是中國領先的分類資訊生態服務商，是網路輕資產模式的典範。

去年我經歷了人生中比較大的波折，開始反思這一切，也開始投資。我沒有看啥書，也沒有學啥課程，直接買了一堆基金和股票。

我不知道怎麼買股票，就胡亂買，看同事、朋友買啥就買啥。到現在為止掙了一點點，個股上也有虧損的。整體上講，我發現我不適合做交易員，我不喜歡時時刻刻地盯盤。我經常會忘記盯盤，偶爾做了幾次T（做差價的意思），也是敗多勝少。但是，總的來說我還是賺了。

凡是做短線的，我都很難做好。我覺得這就是性格決定命運，我的性格不適合做短線。我沒有那麼渴望賺錢，無法看著K線圖傻樂。我只適合做長線。我只適合去買那些我篤信它們是好股票，只是被暫時低估而已的股票。一旦買了下來忘掉漲跌，這些股票最後總是會給我帶來驚喜。

我覺得這也是人生的問題。性格決定命運。我當然羨慕Gates，但我顯然不是那種少年成名的英雄。唉，這不是廢話嘛，我早就不是一個少年了。

我想一個人大器晚成，也許都是被逼的，誰不想少年成名呢？我也許不能大器晚成，但是我但凡能做出來點東西，也只能被叫做大器晚成了。

也許從四十多歲才開始培養長線思維確實有點晚。但是，六十歲才有收穫，也比六十歲還沒有收穫要強。

我們都是不幸的，也是幸運的。

我高中同學裡面居然有一個人死在了大學還沒畢業的時候，他在另外一個城市上大學，出了一場車禍。我雖然有糖尿病、高血壓，但居然挺到了四十多歲。

我小時候生活在農場裡。我媽和很多阿姨一起幹農活。我們小時候，都不知道阿姨叔叔叫啥名字，只知道這是誰的媽媽、誰的爸爸。我小時候，就有一些叔叔阿姨去世了，有些人才五十歲不到。

前兩天農場三十多個阿姨大聚會，我媽也去了，她們在一個飯店吃完飯走在大街上，正好跟我遇上，我跟她們打了一個招呼。很快就有阿姨認出了我，一堆阿姨問我還認不認得她們。有幾個我還想得起來，比如我們韓學霸的媽媽，畢竟韓學霸從小學到高中都跟我一個學校。有些我就想不太起來了。

晚上回到家裡，我跟我媽聊天，我說：「科技就是進步了，你們也看得出來。你看當年農場的叔叔阿姨，有些人五十歲不到就去世了。但是那一撥沒有去世的人，現在大多數都活得很好，都六、七十歲了。」我媽也說，可不是嘛，那個年頭，得個癌症就必死，現在很多叔叔阿姨都得過癌症，治好了都好多年了。

這個世界在慢慢地發生變化，每一個人都有可能活得更長。我們的思維也需要改變。我父母那一代人退休就基本上靠退休金了。而我這一代，至少從我的角度考慮，如果退休了沒有得老年性癡呆的話，可以繼續投資，也可以繼續寫代碼，還可以繼續寫文章。人生也許退休了才剛剛開始。

我的論壇OurCoders.com每年都有人問，三十歲了，或者四十歲了，開始學習程式設計、移民、轉行、投資可以嗎？其實答案當然是都可以。

為啥不可以？我從二十一歲到三十九歲都完全靠寫代碼維生（包括創業也是寫代碼），這兩年，我基本上靠寫文章維生（包括技術諮詢），也許過幾年，我主要的謀生手段就會是做影片。從技能的角度來說，我一向都是長線思維，一種技能如果能用五年到十年，花個一年半載學習怎麼會虧呢？

但是人生不僅要學技能，也要學習如何投資，如何理財，這些是我這兩年才開始學的。有些人會覺得你都玩了一年股票就賺了那麼點錢，值得嗎？或者說你學得是不是太慢了？我自己感覺很好，才一年就賺了這麼多，我不能一直投資到六十歲、九十歲嗎？從二十年甚至五十年的時間來看，我能賺多少啊！

現在慢不代表永遠慢，如果盈利是可以積累的，那麼慢是一種很可怕的力量。我不想要幾秒鐘賺幾十萬元的那種快，我沒有那個投資能力，也沒有那個心理承受能力，我只想要每年都能賺十％的那種慢慢積累的感覺⋯⋯

嗯，今年做到了，就看我能不能一直保持一種穩健的、慢慢積累的態勢了。

這世界上有用的東西太多了，要是我們只在從小學到大學這期間學習，我們能學到多少呢？好在從二十歲到九十歲這七十年，從來沒有人禁止我們慢慢地學點什麼，慢慢地變成什麼人。

是的，我還前途無量，我還沒到八十歲呢⋯⋯

掌握「學習曲線」，享受終身學習

什麼叫做「學習曲線」？橫軸是時間，縱軸是能力。

我相信我們在校期間和工作的第一年一定會學到很多東西，但是我見到的很多人工作一年、十年、二十年是完全一樣的。我認為終身學習的人的學習曲線應該是沒有盡頭的。有人在論壇上問，現在矽谷都在宣揚二、三十歲創業成功、成為明星的例子，有沒有人能夠舉一個四、五十歲成功的例子。有個人回覆：「我在四十二歲創辦了Craigslist。」（Craigslist是分類廣告網站的鼻祖。）我當時就蒙了，我還不到四十歲，我的人生才剛開始啊。

在任何環境中我們都可以觀察，我認為在任何一個不斷變化的環境中，終身學習者只占一%。

我的結論是，如果你是一個終身學習者，你就可以在任何一個領域裡秒殺你的同儕。終身學習者是沒有極限的。

我的另一個觀察分析結果是，學習的方法有很多種。一般的學習方法是階段性的，就是學一會兒，休息一會兒，再學一會兒。我們傳統教育和我們推崇的人，通常是意志力非常堅定的人。

比如說我們要考試了，在一個星期之內從完全不懂到能夠考試，那麼我們的學習曲線將會非常陡峭。我覺得這是一個非常錯誤的示範。

大多數認為自己不聰明的人都在用一種錯誤的方法去學習。我經常遇到一些非常神奇的初學者，有人說「這本iOS書我看了三天還沒有看完」，我想問這本書是三天能學會的嗎？這就好比你去爬珠穆朗瑪峰掉下來了，然後你說自己是一個失敗者。

其實，為什麼要這樣爬山呢？我一直跟大家強調不要著急，為什麼？

因為一著急你就會開始做錯誤的東西。一開始你以為你是神，可以在一個星期內，甚至三天內學會一個非常難的東西。一旦你做不到，你就會覺得自己什麼都做不到了。我覺得正是這樣的原因，大家總以為自己不夠厲害。

我覺得有了正確的方法以後，大多數人都可以攻克這個問題。我經常和很多人說，剛進入一個專案的時候，學習曲線要平，可怕的平。

比如像我這樣一個人，一次要走三萬步的話，大家可能就會在急診室看到我。那我第一次的目標是怎麼定的呢？第一次我就背了個包，帶了很多的補給，不知疲倦地從早上走到晚上，後來我算了一下，我走了六十七公里。我從來不知道我能走六十七公里。

那麼第二天我想既然第一天我走了六十七公里，那我今天可不可以走八公里呢？有一次我為了見一個朋友，跨了個江，走了十五、六公里，我覺得自己太厲害了，後來就一發不可收。

我覺得學習曲線一開始可以比較平，但是當你對一個東西了解了以後，到後面就是一個加速的過程。會學習的人在一開始都是非常慢的，之後再給自己設定基準，給予自己正回饋的空間，並且永遠不會把自己控制得太狠，讓自己一下子崩潰。

英文如何突破聽說讀寫

我是怎麼學英語的

我經常在微博和微信上面吹噓自己的英語水準，比如我會告訴大家，我看美劇、脫口秀、電影時都是不看字幕的，我目前的閱讀是以英文書為主的，我講過我在蘋果店用英語幫助一個外國人解決他的Mac電腦遇到的技術問題，還講過我曾經在上海的一個外國人占半數以上的技術聚會裡面用全英文做技術演講。

講這些真實故事的時候，總有人希望我好好講講我是怎麼學英語的。當然也有人不以為然，一方面有人覺得我把學英語說得太輕描淡寫了，在誤導大家；另外一方面有人覺得我在誇大自己的英語能力。

講這些東西炫耀是一方面，另外一方面，我不認為自己的英語有多好，我認為大多數人可以輕鬆達到或超過我的水準，畢竟學英語只是我的業餘愛好，我不想去考托福、雅思，也沒有考四級、六級[10]、專八[11]的壓力。我在公眾帳號上面一直都在灌雞湯，給大家講學習方法，因為我認為大多數人的問題不是智商不夠，不是努力不夠，而是學習方法不對。我認為我學習英語的方法，只是我使用自己的學習方法的一個小小的例子而已，既然有那麼多人想了解細節，也有那麼多人質疑，我今天就好好講講。

為什麼我要學習英語

我是一個堅持實用主義的人，雖然我所在的中小學英語教育都很好，但是我對英語其實一直以來都是過關即好的態度。到了大學，我們學校的英語教學很差，我也就自暴自棄，我高中畢業去考四級都有可能考過，但是大學期間，我考四級的最高分數是五十八分，而且，我也不是很想再考了。大學期間，我的態度是反正我可以看懂各種電腦相關的技術文獻（當然還是要查詞典的），就足夠了。我對英語的態度是，技術英語我很在乎，看技術文獻一定優先看英文的，不懂就查詞典，其他領域的英語我看起來很困難，也沒有興趣看。

後來，我的好朋友韓磊推薦我看了一部港劇，很過癮。我看完以後在微博和其他平台分享的時候，有人告訴我這部港劇是模仿美劇《二十四小時》的，而且《二十四小時》比這部港劇好看幾百倍。於是，我就入了美劇的坑。從《二十四小時》開始，我看的美劇越來越多，後來我乾脆再也不看國產劇了。我喜歡美劇的劇情、節奏，還有多種多樣的形態和背景。

看著看著，我發現了一個大問題。那時候我是一個非常喜歡Multitask（多工化）的人（我現在認為這是不對的，但是當時樂此不疲），我很喜歡一邊看電視一邊寫代碼，那時候我已經開始用Macbook小白了，但是旁邊還放著一臺PC顯示器，PC專門用來看各種影片。我可以輕鬆地邊看國產劇邊寫代碼，但是我沒辦法邊看美劇邊寫代碼。這引發了

10 編注：全國大學英語四、六級考試，俗稱「大學英語四六級」，是由中國教育部主辦，目的是檢測在校大學生的英語能力。

11 編注：全國高等學校英語專業八級考試，簡稱為英語專八（TEM8），是指自一九九一年起由中國教育部實行，考察全國綜合性大學本科層次且英語專業的學生。

我的思考，這是為什麼呢？我的結論是，看美劇的時候，我的眼睛必須盯著字幕，而看國產劇的時候，我可以靠耳朵理解大部分劇情，眼睛不用一直盯著副螢幕。

當時為了解決這個問題，我想，我能不能學會不用字幕看美劇呢？於是，我就開始了自學英語的歷程。

入手的方法

怎麼學英語呢？我不想報任何培訓班，我覺得我是一個自學能力很強的人，我就開始設計自學方法。其實我以前技術英語也不行，後來是怎麼學好的呢？就是硬看所有的技術資料，看不懂就查詞典，看多了，就發現隨著看的時間越來越多，看同等難度的技術資料，我查詞典的次數越來越少，讀得越來越流暢，大概就是在悶頭讀技術資料不到一個月的時間，我的技術英語就突破了，看大多數的技術資料就不太需要查詞典了，而且越看越快。

這跟我小學的時候看小說是一樣的，我三年級以前看的都是所謂的兒童讀物，自然都很好懂。可是三年級的時候，我父親去圖書館借了一些小說看，比如梁羽生的武俠小說等等。我的成績很好，所以，他看完的書我要過來看，他從來不攔著，一開始遇到一些字不認識，我問他，他不耐煩地讓我去查字典。後來我就在這麼查字典的情況下，看懂了很多小說。我覺得我小學三年級的閱讀能力可能已經超過很多國高中生了。

我覺得中國的整體英語教育水準很差，大多數大學畢業生的英語水準都不是很好。但是，即使是很差的大學的學生，大學畢業時候的英語水準，其實也快達到英語母語國家三年級小學生的水準了。所以，我們是有硬學的基礎的。

我在讀37signals公司的兩位合夥人合著的那本書《重來》（*Rework*）時，收穫最大的一句話，就是世人都說要從失敗裡面學習，但是我們更應該從自己的成功裡面學習。我們不用去複製別人的成功，因為不一定能學得會，但是我們可以複製自己過去的成功。你今年二、三十歲，真的敢說，你從來沒有努力過，從來沒有過任何小的成就嗎？

所以，我的方法很簡單，跟我小學三年級時硬看小說那樣，跟我在大學時硬看技術英語一樣，去硬看沒有字幕的美劇。一開始是很痛苦的，我發現很多我原來覺得很簡單的美劇完全看不懂了，從娛樂變成了一種煎熬。怎麼辦？如果當時退縮了，那麼我現在還是只能對著字幕看美劇。但是如果當時純粹地硬看，完全不考慮學習方法，估計我也堅持不下來。方法很簡單，把所有自己喜歡的美劇，按照難易度分級，只看簡單的美劇，只看不太需要大詞彙量就能看懂的美劇。把一些劇情已經爛熟於心的美劇找回來看第二遍，看到每一集看懂為止，看不懂的話，就再看一遍。這樣大概堅持了幾個月以後，我發現大多數的美劇，我都可以輕鬆地在不看字幕的情況下看懂八十％以上了。

如何才能堅持

每次說到看美劇學英語這個話題的時候，都會有人問，你真的能看懂全部嗎？能看懂八十％就不錯了吧。我現在大多數美劇可以全看懂。但是，遇到一些背景很不熟悉的劇，確實很難做到全看懂。可是，為什麼要全看懂？你看國產劇的時候，即使沒有語言的問題，你能保證你全看懂嗎？

有人因為我說看美劇學英語很簡單，所以，就說我刻意地把學英語說得容易了，實際上學英語很難，是我在誤導人。我可以告訴你們的是，這個方法很簡單，但是並不容易，練到我今天的聽力水準，我大概看過了幾十部各種各樣的美劇，有很多劇看了無數次。為什麼可以看這麼多劇？

原因很簡單，我是「樂學」的，從來不讓自己痛苦。在能力不夠的時候，我就看簡單的劇，能力提升以後才去看複雜的劇。起初，如果發現一部劇即使我聚精會神也看不懂三十％，那麼這部劇我暫時就不看了，等到過一段時間自己的聽力水準和詞彙量上升了再回過頭來看這部劇。

把任何一部劇看到能懂八十％，就說明看懂了，不求全懂。如果一部劇大概的內容都懂了，就有一兩個細節不懂還去死摳的話，看劇的效率就會大大下降，看劇的樂趣也大大下降。

我很反感學習中的那些捷徑派，我見得太多了，學習啥他們都想問問有沒有捷徑。我有一條捷徑，那條捷徑就是硬學、不多想、不瞎扯、不放棄。不追求全部看懂的意義就在於，一開始學習的時候，我們追求的是儘量多地看美劇，看得越多越好，量上去了自然而然水準就會上去。

一開始我看的是帶字幕看過無數次的《二十四小時》，然後一點一點地上難度，現在，我已經開始看Saturday Night Live（週六夜現場——模仿政界人物、明星等為主的綜藝）、Last Week Tonight（上周今夜秀——偏政治的新聞脫口秀）這些就算英語很好，但對英美文化不了解就很難看懂的節目。

看劇可以學新詞嗎？

這是大家問得最多的問題。答案是當然可以。需要查詞典嗎？不需要。看美劇的時候查詞典是很困難的，你只是聽到了劇裡面的臺詞，往往不知道怎麼拼寫，怎麼查詞典呢？

我一開始也不確定這樣學到底效果如何。雖然我看懂了很多劇，但是我到底是不是學到了新詞呢？有一次朋友跟我一起參加一個技術會議，外國人演講時，我們都沒有要同傳耳機，朋友中間有一些細節沒聽懂，問了我幾句，我回答得很清楚。他很感慨，因為他覺得幾年前他的英語聽力比我強，現在我的英語聽力比他強了。他建議我去考個雅思測試一下。

於是，我在網上找了一套雅思測試題，在做題的時候，我遇到了單字marriage（婚姻），其實我沒學過這個詞，但是我順口念出來了，然後根據上下文，我居然猜對了意思。這個詞，我沒有見過中文釋義，沒有見過拼寫。但是根據拼寫，我大概一念，就認出來了。另外一個詞是siren（警報器），我在看一篇文章，講遇到地震或者其他危險的時候，老師該怎麼引導學生避險。文章提到老師要去按一下siren，我一開始不理解這個詞，感覺通篇閱讀下來都有點不理解，但是硬讀了一下，我發現，這個詞應該是警報器之類的意思，後來查了下詞典，果然是對的。

然後，我覺得我不用測試自己的雅思成績了。我看到了這種學習方法的魅力，通過大量的視聽學習，很多詞雖然我不知道在詞典上對應的中譯，但是，我知道這些詞可以用在哪裡，大概是個什麼東西。這是什麼學習方法呢？這不就是我們小時候學習母語的方法嗎？你父母確實會刻意地跟你說這是椅子，這是桌子，他是爸爸，她是媽媽。但是更多的詞彙量（聽力詞彙量），不是老師在課堂上教你的，也不是你在書上看到的，而是你在聽大人講話的時候慢慢積累的。這就是學習語言需要的方法啊。（很多人可能連漢字都認識不多，但是不影響他們說話很溜，什麼都會說。）

進階篇

用以上的方法，在不到半年的時間內，我就完成了我學英語的既定目標：在完全不看字幕的情況下，看自己喜歡的美劇。有一段時間，我的英語就停留在這個水準上，沒有任何變化，因為沒必要有任何變化，當年美劇看得越來越多以後，各種不同類型的英語詞彙一直都在積累，但是我整體上並沒有大的進步。

一個很大的問題擺在了我的面前，是繼續提升我的英語水準，還是滿足於技術英語完全看得懂，看美劇也不需要字幕，看ＷＷＤＣ（蘋果全球開發者大會，英文全稱是「APPle Worldwide Developers Conference」，簡稱「ＷＷＤＣ」，每年定期由蘋果公司在美國舉辦。大會主要的目的是讓蘋果公司向研發者們展示最新的軟體和技術）直播也不需要字幕的水準呢？

說實話，從工作和生活上來講，確實也不需要更進一步了。我覺得我的英語夠用了。但是，這幾年的美劇看下來，我對美國文化的了解加深以後，越發覺得只看中文材料對我的眼界影響很大，特別是我作為ＩＴ行業從業人員，能不能看到國外的第一手資料，可能對我未來的創業和工作都有比較大的影響，所以我覺得還是值得繼續在學英語上下功夫的。

特別是在二〇一三年，我的事業處在低谷中，愛情生活也是空白的。我是受到挫折越大越努力的那種人，二〇一三年我想給自己一個徹底的翻身，努力去做好公司的事情，鍛鍊好身體，那麼學好英語和提高在別的方面的修養也提到了議事日程。

聽英文 Podcast 的開始

因為要鍛鍊身體，我決定開始走路，一開始走七—八公里就需要一整天，慢慢地，我可以一天走二十多公里，只需要五—六個小時的樣子（二個月內減了二十公斤）。一開始走路的時候，我都在聽音樂，雖然我的正版曲庫裡有幾百首英文歌，但還是會膩，我就開始在走路的時候聽中文的 Podcast，有一天我在想，要是走路時順便聽英文 Podcast，不就可以邊鍛鍊身體邊學英語嗎？（好讚，是節約時間的好辦法。）

於是，我開始尋找好的英文 Podcast，聽了一陣子才發現，看得懂電視劇是一個難度，聽得懂英文Podcast是另外一個難度。看電視的時候，有畫面幫你理解，而且對白量並不是很大，聽Podcast的時候，全部都是語言，同樣是一個小時，Podcast的句子量可能是美劇的十倍以上。我在美劇上建立起來的對自己聽力的信心，被嚴重地摧毀了。但是我不害怕，我有過從離不開字幕到完全不看字幕的美劇觀看經驗了，我知道聽懂Podcast也不過是需要一個學習的過程而已。

方法很簡單，先找最簡單的Podcast，可以推薦的是English as a second language Podcast（英語作為第二語言Podcast），這是洛杉磯加利福尼亞教育發展中心的幾個老師做的一個Podcast，每一期都是一百字以內的簡短對話，用標準語速、慢速以及單句講解三種方式來讀三遍。基本上英語聽力稍微有點功力的人，就可以用這個作為聽英文Podcast的入門。我聽了一百來期以後，感覺自己的Podcast聽力到了一定水準，才開始找其他的英文Podcast來聽。

首先聽的是ATP（Accidental Tech Podcast，偶然科技Podcast），因為純粹是幾個技術「大牛（優秀人物）」閒談，所以詞彙量跟技術英語比較接近，也算是一個上手材料。這兩個Podcast我一直在聽，聽到一定量我就開始尋找各種各樣的Podcast來擴展我不同領域的詞彙量。這種擴展詞彙量的方法，在我學英語的幾種方法裡面是共通的，從最簡單、最熟悉的材料入手（喜歡的、簡單的美劇，教學類、技術類的Podcast），熟悉後，慢慢擴展到各種難度升級和種類多樣的英文材料。

到了今天，我聽的英文Podcast包括經濟學方面的，如EconTalk（一檔經濟對話節目，主持人是史丹佛大學胡佛研究所經濟學家Russ Roberts（拉斯・羅伯茨），他在節目裡面採訪過大量的諾貝爾獎獲得者，還有著名企業家，包括Uber創始人、Airbnb創始人等，以及著名風投家，比如馬克・安德森等）、Planet Money（貨幣星球，輕鬆的經濟學小故事），其他的如This American Life（美國生活）、TED Radio Hour（TED廣播時間）等等，當然最多的還是技術類的。現在聽Podcast的範圍就是我喜歡聽的東西。

聽英文Podcast的好處是我的英語聽力又上了一個臺階，我聽的Podcast裡除了English as a second language是教學英語，所以提供慢速版本以外，其他都是美國人聽的東西，都是常速英語，甚至很多人說話非常快（電臺的感覺你懂的）。而且聽的種類多了以後，你會發現Podcast的訊息量比美劇多得多，畢竟美劇是以娛樂為主的，大多數內容都是很淺顯的。

看英文書的開始

二〇一三年的時候，我去了一趟香港，買了幾本書，其中兩本是誠品書店英文銷售榜榜單前列的書，一本是《習慣的力量》，另外一本的名字暫時想不起來了。我當時只是覺得誠品書店的外文書數量比國內其他書店多得多，不買兩本太浪費來香港這一趟了。

回來以後，我發現這本《習慣的力量》寫得非常好，而且書中關於改掉自己的壞習慣和建立好習慣的方法跟我一貫的學習方法很相容，所以我很認真地在看，但是出門帶一本書很麻煩，我就下單了一個Kindle Paperwhite（亞馬遜新一代電子書閱讀器）。另外我的朋友子元在美國，他告訴我他喜歡在亞馬遜買有聲書來聽，感覺比看書更爽，於是我又買了這本書的有聲書版本。至此，這本書我有三個版本，總共花了五十美元左右。我出門坐地鐵時就用Kindle看，走路的時候，就用iPhone的Audible APP（亞馬遜有聲讀物播放機，書非常全）聽。這本書我一半是用Kindle看的，一半是用Audible聽的。

我看完這本書以後，刻意地用書裡面的方法來改變我的走路習慣和閱讀習慣，發現效果都很好。於是我發現了看英文書的一大好處，就是可以獲取很多新的知識。

看完這本書後，我覺得我打開了一個新的世界。於是，我開始了刻意閱讀英文書的歷程。方法很簡單，在任何場合看到有朋友推薦一本書，只要這本書是翻譯書，我就去亞馬遜買一本原版的。我每個月在亞馬遜光買電子書消費就在三百美元以上。遇到任何一本非常喜歡的書的話，就馬上再買它的有聲書版本，一本有聲書的價格往往是電子書的三、四倍，但是，可以在走路的時候聽，提高效率，我不在乎這點錢。

之後，我在EconTalk聽拉斯．羅伯茨採訪了《大爭論：左派和右派的起源》（*The Great Debate：Edmund Burke, Thomas Paine, and the Birth of Right and Left*）的作者尤瓦爾．萊文（Yuval Levin），尤瓦爾．萊文是主修西方政治的，但是在學習西方政治的時候，他發現美國的民主黨、共和黨兩黨的主張有很多非常具體而微小的差異，並不能以利益來簡單地說明，他很好奇這兩派差異的來源。經過調查，他得出的結論是，西方左右派的創始人，左派的創始人Thomas Paine〔湯瑪斯．潘恩，《常識》（*Common Sense*）的作者，所謂西方普世價值觀大量來自他的論點〕，右派的創始人艾德蒙．伯克，英國高官（Edmund Burke），這兩個人在美國獨立革命和法國大革命時期爆發的論戰，特別是針對法國大革命是否正確的論戰，奠定了西方左右派的起源。

我被這個採訪深深打動了，因為我對西方的左右派是怎麼回事也非常有興趣，於是馬上買了這本書，然後大概花了三個月才看完。這本書我看得極其吃力，因為裡面都是一些艱澀的哲學、經濟學和政治概念，有非常多由十幾個字母組成的長詞。我看《習慣的力量》的時候，最開始一頁書需要查五、六個詞，但是看到三分之一以後，基本上不用查詞典就可以通讀，了解大概意思了。但是這本《大爭論：左派和右派的起源》我基本上是查詞典從頭查到尾，每頁可能都需要查七、八個詞。但是，這本書太有意思了，太開闊視野了，解決了我心中在歷史和政治方面的很多疑竇，所以即使看得非常辛苦我也甘之如飴。

看完這本書以後，我覺得三個月的苦讀一點都不苦了。這本好書，更堅定了我要多讀英文書的信念（雖然這本書其實也有中文版）。更重要的是，我從艾德蒙・伯克的哲學觀點裡面學習到了漸進的力量，真正開始理解日拱一卒，不期速成的價值。我的內心更加平靜，更加可以讓自己去堅持做一件自己覺得正確、哪怕道路非常坎坷的事情，這本書對我的人生改變之大，不可估量。

後來，我在一些投資人朋友的書單上看到了《從〇到一》（*Zero to One*）和《創業維艱》（*The Hard Thing about Hard Things*）這兩本和創業關係很緊密的書，看完了也覺得非常讚，非常貼近我在創業中遇到的問題和思考。特別是《創業維艱》，作者是馬克·安德森在網景公司的同事本·霍洛維茨，這本書講述了他在網路泡沫即將破裂的時候創業，經歷了流血上市、家人重病、公司分拆，出售主營業務等無數的艱難險阻，最後修成正果的故事。我幾乎見一個創業的朋友就推薦一次這本書，還送了一本紙質的和幾本電子版的給我的好朋友們。

在我看這兩本英文書的時候，中國還沒有出版這兩本書，在我看完，甚至推薦給很多朋友後，中國才開始有譯本。上次有個朋友從深圳來上海出差的時候見過我一次，幾個月以後他來上海一定要再約我一次。聊的時候他說，我推薦他《創業維艱》這本書的時候，他身邊沒有人知道這本書，他看了以後也收穫很大，最近國內創投圈子都開始看這本書了，他就覺得我有先見之明。我想了想，這就是堅持看原版書帶來的時間差異。

另外有一本書，叫做《十億消費者》（*One Billion Customers*），是我前些日子一直在看的書，收穫非常大。作者是《華爾街日報》和道鐘斯集團在華負責人，後來他從事諮詢與投資，接觸了大量的在中國經商的外國人，直接或間接參與了美國和中國的WTO（世界貿易組織）談判，後來也在中國經商多年。

這本書的立意本來是講外國人在中國做生意有哪些坑，但是我看完全書發現，這本書是了解中國商界非常難得的客觀的讀本。不僅對外國人在中國做生意大有好處，對中國人本身怎麼在中國做生意也有很大的意義。而且從歷史的角度入手，也幫助我去理解中國如何在掙扎和矛盾中進步或倒退，市場和壟斷等力量如何博弈，如何推動或阻礙中國的發展。

至此，我覺得我學英語的目的越來越清晰。作為一種語言，英語可以說得有多流利已經不是重點了。我發覺英語的價值是可以讓我跟這個世界上最好的內容和知識建立起聯繫。我學英語的重點在於轉移，不在於語言層面的東西，更在乎自己的專業、興趣以及文化方面的需求。英語完全成為我了解世界、認識世界的工具，當然，這個工具需要學得非常好，才能滿足我的需求。

口語突破之路

其實在開始閱讀電子書之前，我就開始了英語口語的練習。實際上，聽、讀其實是比較相近的能力，說、寫則是另外的能力。所以，我把口語和寫作放在後面聊。

中國人大多數是啞巴英語，很多詞彙量巨大的人，也說不清楚一件非常簡單的事情。原因很簡單，聽和讀其實是容錯率很高的行為。之前有人舉過例子，刻意把一個句子裡面的單字寫錯字母，但這樣是完全可以讀懂的。比如：Thos xs a bxxk，I loke Englosh boxk（這是一本書，我喜歡英文書）。其實讀懂這個不難。實際上，美國駭客界很流行一種用數位代替英文字母的寫法，比如著名的美劇《數字追凶》（Numb3rs），裡面的「三」就是代表字母「e」的。大多數人對這樣的錯誤都是完全可以包容的。而且，不管你語法多爛，只要大概的詞語對了，外國人其實是可以聽懂的。這是因為我們說的話都有大量的冗餘資訊，只要你的錯誤沒有多到一定程度，就可以被其他的冗餘資訊糾正回來。

但是說和寫就不是這樣的了。一句話可以有三十種說法，你要想說好和寫好其實是很難的。即使你聽了很多，你的口語表達能力也不會自然提高。

口語只有一個練法，就是不停地說。可是，你不能跟中國人練習。不是說只能跟英語極好的人練習，其實跟誰練習都可以，只要練習得足夠多，因為練的核心是你自己說。但是跟中國人練習的問題是，剛開始說個「Hello」以後，他們就喜歡挑錯，他們總是習慣每一個詞都說對，不懂得練習的真諦是多說，在練習的時間裡面儘量地多說才是要點，他們可以找到的大多數錯誤，你自己也可以找到，但他們總喜歡得意揚揚地告訴你一些小學級別的英語錯誤問題，以找到口語練習中的錯誤為樂，一旦找到了，立刻出戲，進入了嘲笑和反嘲笑的遊戲裡面。我跟中國人試了幾次，發現效率最高的情況下，一個小時也只能扯幾句，完全起不到練習的作用。

於是，找外國人吧。我不想花錢，怎麼找外國人呢？二〇一二—二〇一三年的時候，Stack Overflow（棧溢出，國外最著名的技術社區）搞了一次全球大聚會，利用Meetup（聚會）網站在全球的城市發起了聚會邀請，只要是Meetup的會員就可以參加。（Meetup是世界上最大的地方群組網路，創建者是斯科特·海費曼。斯科特·海費曼設計了Meetup網站，幫助人們在網上找到彼此後，再在真實世界裡相遇。通過登記人們的興趣和住地，Meetup可以確定潛在的群體並幫助他們聚到一起。）我帶著我公司的CTO去了，那次上海聚會有十五、六個人，中國人外國人各占一半左右，大家聊得還是比較開心的。我當時就在想，我們中國人搞的技術活動很少有外國人參加，但是Stack Overflow在Meetup上搞的活動，外國人居然有一半左右參加，這說明外國人跟我們一樣，找資訊有固定的管道。

當我想要找外國人的時候，我就想到了Meetup，於是我開始看在上海有哪些Meetup活動，不找不知道，一找才知道原來活動那麼多，每天晚上都有活動。我就開始密集地去參加這些活動。

我參加過桌遊活動，八、九個人裡面，只有三個是華人，而且另外兩個都是在海外多年，剛回來的。那次有一個黑人說自己是剛從美國來的Java程式師，我覺得大家都是同行比較好聊，就多問了幾句。他說公司允許員工在全球任何地點遠端工作，只要在固定的時間上線、下線就可以。於是，他就來了上海，每天到了上海的深夜他開始上班，第二天早晨下班（時差要配合美國的同事們）。

還有專門討論TED的主題活動，形式是主持人播放一個TED影片，然後大家在主持人的引導下進行討論，有時候主持人會故意在放影片前先用一個問題引發討論。我印象最深刻的一次，是主持人問大家講故事的意義是什麼。一開始大家說得還好，然後有一個美國大叔說，如果人類不會講故事，經驗就不會在一代一代人之間傳承。然後主持人問了一個問題，那麼老狗可以教小狗技能嗎？這算不算講故事，還是說故事必須有虛構的成分？有一個人就站起來說，他知道有一隻狗，當主人給它骨頭的時候它就會挖個坑把骨頭埋起來。然後主人問它骨頭在哪裡，它就裝傻。這時候，主持人說，這算不算是本能呢？有沒有人能舉一個動物騙人的故事，不是本能的？這時候有人站起來說，他見過朋友家的一隻鸚鵡，朋友在家的時候，就讓它自由活動，不在家的時候，就把它鎖在籠子裡面。那天朋友要出門，過來看鳥籠子，其實沒有鎖住，但是鸚鵡故意用爪子抓住籠子的鎖的位置，好像是想拉開的樣子，朋友以為籠子鎖好了，就走了。然後鸚鵡就大搖大擺地走了出來。大家都樂瘋了。

事後我特意跟主持人聊了一會兒，當時他在中國做程式師，以前他在美國是教科學的老師。他說他的主持方法就是美國課堂上的教育方法，老師負責拋出問題，學生可以從各個角度去表達自己的想法，老師不負責判斷對錯，但是會根據學生的論點，提出一些新的問題，引發討論的深入。

這類活動我去得很多，從一開始只能站起來說一兩句話，到後來可以用蹩腳的英語說一大段。口語仍舊不流利，但是我可以表達自己的觀點了。我參與過很多好玩的討論，宗教方面、慈善方面、NGO（非政府組織）方面、創業方面，都很有意思。

後來有一段時間因為我工作比較忙，就沒有去參加這類活動了。但是我覺得口語已經過關，有了足夠的自信心，也學會了一些簡單的表達方式。更重要的是，我發現我在跟外國人small talk（寒暄）時很不自然，而在ＴＥＤ討論那種類似辯論的場合反而可以侃侃而談。我仔細思考了一下，其實我在中文環境也是如此，除了跟最好的朋友侃侃而談，跟一般人都很難扯天氣聊家常，要麼是辯論，要麼是給別人灌輸，這些才是我擅長的。但是，我已經知道怎麼練習口語了，我連外國人都不需要了。我開始在看英文書的時候刻意大量朗讀，果然再和外國人聊天的時候，就更自然了。

後來我有個朋友「人字拖二號」，想拉著我做中文Podcast，但是被我說服，跟我一起做了英文Podcast，他以前是在加拿大留學的，剛畢業幾年，是國內比較少見的那種留學的時候沒有混在華人圈子，而是跟外國人玩得鐵熟的。我們做了幾期節目，全部都是土生土長的外國人和我們兩個聊天，「人字拖二號」的英語更流利，他負責做主持人，我聽力了得，基本上外國人聊啥都聽得懂，我就負責在覺得有趣的時候，插入一些好玩的問題。比如，我們第一期找了一個在美國做醫療用品生意的朋友，他是讀生物醫藥方面的博士，學識很好。他給我們介紹歐巴馬的醫保方案，我就很好奇。因為我們聽說過很多關於美國急診室的故事，比如不管病人有沒有錢，都必須治，問他是不是真的。又比如聽說美國的急診室人滿為患，經常排隊排到病都好了，還沒輪到。我又跟他講，中國最近出了些很好玩的案例，某醫院門口來了一個病人，醫生把病人放上車，送到別的醫院，我問他美國有沒有這種情況之類的。

他很多年前來過中國，對中國印象還不錯，而且覺得中國的各種發展中的問題並不嚴重。於是我就問他知不知道黃浦江上漂豬的故事等等。

這個Podcast也是我練習英語的一種方法，讓自己在一種真實的場景裡面去討論問題，從而鍛鍊英語水準。

有一次，我經常參加的一個外國人為主的技術社區活動Cocoaheads（蘋果開發技術聚會，上海的組織者說缺演講者，我就報名說想去做一個演講。組織者同意了以後，我就花了一個晚上，把我曾經用過的一個中文技術演講的提綱全部改成英文的，然後去演講了。我那天非常緊張，表達很不流利，但是基本上把要講的技術細節都講了。因為我們的技術方案非常有趣，而且非常有挑戰性，講完以後，在場的外國人問了好多問題，我覺得非常有收穫。

我的口語完全談不上流利，但是因為我的聽力基本上過關了，我也可以用各種曲折的方式表達出全部的意思，我覺得口語也算是過關了，可以跟外國人進行沒有歧義的溝通了。以後的練習就在於多朗讀和多跟外國人閒聊了。

前幾星期，我去上海iapm的蘋果店蹭網，一個外國人拿著自己的MacBook Air來諮詢，他說他的Parallels Desktop（一款虛擬機器軟體）出現了故障，一旦打開Windows虛擬機器，隨便運行一個軟體，整個MacBook Air的磁碟空間就會從剩餘幾十G迅速減少到0，然後，Windows虛擬機器就無法運行了。蘋果店的「天才」（意為客服）們大概只能聽懂Parallels Desktop，但是討論的時候，卻念成了paradise（天堂），而且連基本的看日誌之類的調試方法都不懂。那個外國人跟他們扯了幾分鐘以後，「天才」們只能搪塞說「paradise」不是蘋果的軟體，他們解決不了。我在一旁實在看不過去，就過去搭話，那個外國人問「天才」我是幹嗎的，「天才」說我也是一個顧客，那個外國人就開始跟我解釋他目前遇到的問題。長話短說，最後我諮詢了一下我的朋友大別，因為我不用Parallels Desktop。我幫他清除了幾十G的磁碟空間，幫他把Parallels Desktop啟動起來，然後建議他升級一下OS X系統，Parallels Desktop也升級一下。據大別說，社區裡面最近有人說

Parallels Desktop老版本的類似bug很多，但是升級到最新版本以後就沒問題了。那個外國人買了一個外掛硬碟用來導數據，說：「Thank you, sir.」（謝謝你，先生。）然後緊緊地握了我的手。「You have a nice day.」（祝你愉快。）客客氣氣地走了。

其實仍舊要強調一下，我的口語很不流利，但是完全可以表意了，這就是我追求的狀態，可以用英語做技術演講，可以和外國人聊技術問題，修外國人的電腦，可以跟外國人談經濟、社會和政治（在我們的Podcast裡面做到了）。當然這樣的口語水準也只是一個起點，有了可以自由溝通的開始，我相信我的口語還會繼續進步。

寫作突破之路

聽、讀、說突破以後，我深刻地發現，寫作其實是最難的。到今天為止，我的寫作其實也不能算真的突破了，但是我找到了一條路徑。

根據我聽、讀、說的突破過程，我認為想突破寫很簡單，就是多寫。問題是怎麼能多寫？我很多年前就有英文部落格，寫了沒人看的話，我根本沒有辦法堅持下去。在這個時候，我就想到了Quora。Quora是一個社交問答網站，我很多年前就有Quora的帳號，而且已經有一千多粉絲，但是我沒有回答過幾個問題。

於是，我去Quora回答了幾個問題，但還是沒有人理我。我那一千多粉絲多數是中國人，而且早就不玩Quora了，沒有人玩，我就沒有興趣寫，該怎麼辦呢？我給自己設計了一個Quora突破計畫。目標是在Quora上面再吸引一千個粉絲，回答一百個問題，爭取有些答案能獲得大量的讚。

這個計畫的實施方式是：

第一步，找到所有Quora的優質用戶，天天刷Quora的內容，看到某個答案好玩，點讚多，或者回答者的粉絲多，就點一個關注。我到處尋找Quora推薦關注列表，把列表裡面的人全關注了。找到Quora員工列表（幾百人），也全關注了。這些人有些出於禮貌也關注了我，我多了幾十到上百個關注者。更重要的是，我開始找到Quora的好內容在哪裡。這類社會化的媒體，如果你不關注對的人，你根本看不到好的資訊。

第二步，我給自己制訂了一個每天必須回答一個Quora問題的計畫。因為不是每個問題都可以回答，都想回答，所以，也就是說，每天看十—二十個問題，才有機會回答一個。

第三步，在中文圈子裡面推廣Quora。在我的推廣下很多人都開始玩Quora，他們很多也關注了我。

一個多月以後，「人字拖二號」找到我說：「Tiny，你的口語還不錯，但是寫作很差，你是不是沒有用拼寫檢查工具啊？」

我說：「我在用作業系統的拼寫檢查工具啊。」

他說那個差遠了，推薦了1Checker（易改）給我，我馬上用了用，果然很好用。我在用這個工具前，因為對很多表達方式感到模稜兩可，所以寫回答的時候經常寫得很短，寫長了就不知道怎麼組織語言了。而有了1Checker以後，我就開始能寫很長的答案了。最好的一個答案是關於「Which are some of the character traits that most developers have in common?」（大多數開發者有哪些共同的性格特徵？）這個問題的，總共有三百八十七個讚。

大概在三個月以後，我完成了一百個答案，得到了一千四百個讚，粉絲數達到了二千七百個，超額完成任務。

我的寫作還差得很遠，但是已經有一條道路了，這條道路跟聽、讀、說的練習一樣，要點在於想上量，我就可以上量了。

總結篇

其實無論按照中國人的標準，還是外國人的標準，我的英語都還差得很遠。我覺得自己聽、說、讀、寫都突破了的意思是，在我需要的領域，這四樣能力都足夠了，而且走上了可持續改進的道路。

總結起來，我的學習方法要點有幾個：

一、**硬學**。看不懂的美劇硬看，聽不懂的Podcast硬聽，看不懂的書硬看，跟外國人聊不清楚也硬聊，寫不好的英文文章硬寫。

二、循序漸進。雖然是硬學，但一開始絕對要由淺入深，讓自己時刻都有成就感。

三、追求最大的材料量。循序漸進的好處是一直都沒有挫折感，所以可以用大量的時間去看美劇（至少上千小時），去聽Podcast（至少幾百小時），去跟外國人閒聊，去寫文章。

四、逐步改進，慢慢地從學語言本身，進化到學文化，學跟世界交流。這個過程越深入，學習的動力越足。

五、不急躁，不冒進，日拱一卒，不期速成。我看美劇練習聽力用了半年，但是一直看到現在。聽Podcast用了一個月。口語用了幾個月，寫作用了幾個月。聽起來很浪費時間，但是幾年以後，從對自己能力的提升角度去看，我覺得自己花的時間並不多，很值得。

六、保持快樂的心態，所以可以堅持終身學習。我的英語水準高嗎？比以前高了很多。足夠高嗎？不夠高。但是我可以自傲的是，現在我的英語學習是終身學習，你比我水準高，沒關係，大多數人的學習速度沒我快，而且我不停地在學習，總有一天會超過你。（當然最重要的永遠是追求每日超越昨天的自己。）

我小時候也算是應試教育的高手，大多數考試都能得高分，深諳無數的技巧，學習也沒有覺得非常吃力，上課聽講積極，下課我一般都不做作業（資深拖延症患者，從小學開始）。

但是，上大學以後，我就越來越厭惡去應付考試了，我只想去鑽研我喜歡的東西——程式設計。那時候，我沒有一個明確的概念，我這輩子會怎麼樣。我非常迷惘。

但是，這麼多年過去以後，我見過太多跟自己類似，因為終身學習而受益，而改變命運的人。我現在篤信每一個人都應該終身學習。

終身學習聽起來很可怕，很漫長。但是，如果你轉換思路，想明白這個世界本無盡頭，學習必然也沒有盡頭，但行好事，不問前程的話，你的內心就可以獲得一種別樣的平靜。

不管世界如何喧囂，不管親友怎麼暴富，以自己做尺規，把改造自己當作終生的事業，我們仍舊可以內心平靜地慢慢前行。

經常有人問我，就是學不下去該怎麼辦？

以前我有點不知道該怎麼回答。但是回到終身學習的邏輯去看，學不下去就不要學，找點你學得下去、你喜歡的東西去學就是了。

開始我學英語也有些其他的目的，但是慢慢地我發現了美劇之美，發現了英文書之廣博，以及與我們現有世界觀的差異，我就沒有其他的學習目的了，考不考得過雅思我不在乎了，我就是需要英語作為我打開世界大門的鑰匙而已。所以，後面學英語最快的階段，其實我不是在學英語，而是在學習這個世界的某一個我感興趣的方面。

所以，一切痛苦都不是痛苦，一切辛苦也都是快樂。我用一頁查八、九個單字，十多分鐘看二、三頁的速度看完了《大爭論：左派和右派的起源》以後，沒有感到任何痛苦，只有得道一般的快樂。

沒有高智商，也能學好英語

我一直在寫文章。因為很多人說，學好英語多難多難。我現身說法介紹了自己的經驗。一部分人過了幾個星期或者幾個月說，他們實踐了我的方法，得到了突飛猛進的改進。

然而，有的人則留言說，這種學習英語的方法太難，需要特別高的智商。我就是因為智商高，所以才能看看美劇就學會英語了。方法不好，全靠智商硬扛。

首先，他們弄錯了一個地方，我不是看看美劇就學會英語了，到今天我至少看了十年的美劇，看了幾十上百部美劇，有的美劇本身就有一百個小時以上。我積累了幾千上萬小時的聽力練習量。

當然這十年我並不辛苦。看美劇對我來說不是懲罰，而是娛樂。這十年看美劇也不耽誤工作和其他的娛樂。所以，你當然可以說，我什麼都沒學，就學會了英語。但是，我從來沒說，看了三分鐘美劇就會給你帶來巨大的變化。

當然我認識很多聰明的人，有人十年前英語什麼水準，現在還是什麼水準，甚至包括一些移民到英語國家的人。也有些人很聰明，他的聰明不在於他學習英語速度的快慢，而在於他聽到一個方法以後，會去思考，去嘗試。他思考的目的不是為了和人爭論，為了贏得一次偉大的辯論，而是思考這種方法是否適合自己。他嘗試是因為他相信實踐是檢驗一個理論最好的方法，不管這種方法是否符合他的直覺，只有實踐才能檢驗。

而另外一些人他們喜歡爭論，他們對學英語沒有興趣，但是對在學英語的方法論上吵贏你很有興趣。我喜歡躲著這些人，我樂意承認他們永遠正確，但是請他們不要來煩我。

我只想跟樂於去思考和實踐的人溝通。

學習英語需要高智商嗎？不需要。

學習任何一門語言都不需要高智商。人和動物很大的一個區別就是，人類有非常複雜的語言。無獨有偶，全世界每一個地方的人類都發展出雖然不同，但是都很複雜的語言。這些語言可能是同源的，但是今天你看全世界每個地方的人說話都不一樣，可大家都會說話。

你不能說英國人會說英語，所以英國人很聰明；中國人不會說英語，所以中國人笨。

反過來，你也不能說，漢語很複雜，中國人會說漢語，英國人不會，所以英國人笨。

這個世界上沒有這樣的道理，漢語很複雜，英語也很複雜，西班牙語也很複雜，印地語也很複雜。

你去看語言史的學習資料，就會知道世界上的大多數語言沒有什麼高低貴賤之分，這些語言都是很複雜的。

但是確實，有一些民族或者部落，長期沒有脫離狩獵採集，沒有進入農耕文明，沒有進入後來的青銅時代、鐵器時代。他們因為缺乏跟世界的溝通，所以停留在非常原始的狀態。他們的語言系統非常奇怪，語言系統裡面的數位系統發展不起來，沒有一二三四五六七八這種概念。做狩獵採集不需要做那麼精細的統計，所以他們的語言系統裡頭只有一、二和很多這三種數字概念。有這樣的一類語言。

但是大多數國家，語言系統都是非常完備的。這說明語言是人類的本能，人類進化到某個程度以後的本能，學習語言就是本能。

任何一個以英語為母語的人，學漢語都會很困難。任何一個以漢語為母語的人，學英語都會很困難。這叫二語習得的問題。這不是語言難，而是純粹的二語習得困難的問題。

為什麼學習母語都容易，學習外語都難？

要理解這個問題，你就要回到最初。我們總是把形式化的學校教育當作所有的教育，當作所有的學習。這樣你就很難理解為什麼母語好學，外語難學。

事實上任何一個人，在一歲左右就開始說話。一個嬰兒，為什麼會說話，他其實做了大量的學習。他每天聽到爸爸媽媽在叫他，說叫爸爸叫媽媽，聽到父母逗他，這其實都是一種學習。

他開始叫爸爸媽媽以後，這種學習會變得更加迅速，因為父母跟他的互動變得高效了。在學齡前，他還會不斷地學習。事實上不論中國人還是外國人，哪怕家長不教他認任何字，在先天文盲的狀態下，孩子也是在不斷學習語言的。他聽到父母說話，看電視，走在街上問父母這是什麼東西，那是什麼東西。這些都是在學習。

一個孩子在上學前，已經有很強大的語言能力了。他可以說清楚很多東西，他知道很多名詞。他沒有學習過語法，但實際上是會按照語法說話的。他會說他是誰，他想幹什麼。「我吃飯」，他不會說成「我飯吃」。他的語法不會有太大的問題，這叫做自發和自覺。

教育幫助我們理解「我是誰」，這句話裡頭有個主謂賓，說明你理解這個結構，以便於你去更深刻地理解這句話。但是像「我是誰」、「我想吃飯」、「我吃飯了」，這些東西其實你自發就學會了，根本不需要自覺的過程。

在中國，大學畢業生一般都經過了十三—十六年的英語學習。但是很多人仍舊在最基礎的怎麼說話以及怎麼聽懂別人說話上面出現問題。雖然他們掌握的詞彙量不少。

很多中國人的英語為什麼是一種啞巴英語？或者我更喜歡說，是一種聾子英語。它先聾後啞，聽不懂自然就不會說，自然無法練習如何說。

使用「聾啞」英語的人，有的考得過英語四級，有的有英語六級詞彙量。但是，仍舊是「聾啞」英語。這種「聾啞」英語，在我看來是不如一個國外的八歲小孩的英語水準的。因為八歲小孩繼續學習英語是很容易的，他學會了語言的基礎。遇到一個詞不認識，他可以去查詞典，在生活中，他會不斷地學會新的詞。

所以在中國現有教育現實下，我認為一個使用「聾啞」英語的人，反而一開始的目標不是談詞彙量有多大，而是能不能擁有和一個八歲的英語母語使用者一樣的英語水準。

你先不要跟我談雅思詞彙，四級、六級詞彙。其實一個八歲小孩的詞彙量不一定很大，但他會流暢地溝通。最低限度你先提升英語聽力水準，至少掌握一種雖然「啞」，但是不「聾」的英語。

這是我提倡看美劇學英語的一個原因，也是我不停地看美劇的原因。它可以幫助你從學會一種「聾子」英語變成學會一種聽得懂外國人說話的英語，然後你繼續學習，再去積累詞彙量，就變得非常容易，你就不需要刻意去積累詞彙量。

英國人學英語，中國人學習漢語，都是終身學習。一生中都在積累詞彙量，但是最主要的詞彙量，不是坐在教室裡頭，聽老師一句句教的，而是在各種生活場景中使用的時候學會的。

如果你已經有了英語四級詞彙量，或者英語六級詞彙量，想學習一種非「聾子」的英語，其實並不難。因為傳統教育模式、考試模式裡頭沒辦法把聽力提到一個非常重要的地位。老師不可能天天監督你去聽。同時我們的聽力教材也是為考試準備的，它們很無聊，很難讓你自主地進行大量的訓練。

如果沒有被老師約束在一個聽力教室裡頭反覆地去練聽力，你就非常難以堅持。所以我強調的是你不要去做這種聽力練習，你就去看自己想看的東西，美劇也好，YouTube上的影片也好。你感興趣，同時跟你現有英語水準接近的東西，這個時候你其實可以迅速進入一個訓練聽力的過程。

當你的聽力達到一定水準以後，你會發現語言的本質是聽，文字是記錄語言的工具。當你在聽力達到一定水準，腦子裡有大量的聽力詞彙的時候，因為原有教育本來就給了你很多閱讀詞彙，然後你去閱讀的時候，也會無師自通，自然提高你的閱讀能力。

如果說你特別想訓練自己的閱讀能力，還可以做專門的閱讀訓練。多看英文書，多看一些英文新聞。

學校教育給你的閱讀詞彙，跟實際上你會感興趣的、對你有意義的內容，還是有差距的。當你根據自己的興趣、自己的鑽研領域去看美劇、去聽東西，看多、聽多了以後，你實際上積累了很多你感興趣的詞彙，這時候你再去看一些你感興趣的書、感興趣的新聞的時候，就會變得更容易。

寫作訓練其實也是一樣的，寫作訓練的基礎是閱讀。英語口語訓練的基礎是聽。這是我一個勁地反對很多人把口語看得非常重的一種教育傾向的原因。很多人在自己聽力不達標的前提下，進行大量的口語練習，但這些口語練習的範圍又比較窄。

就算你找到了一個不錯的英語老師，你們能聊多少複雜的事情？

事實上他跟你聊一個小時，你接收的訊息量可能基本為零，不如看一個小時的美劇接收的訊息量大。你看美劇可以一天看五－十個小時，你能一天跟老師做五－十個小時的對話練習嗎？

更重要的是聽力，當你能聽懂很多詞的時候，哪怕說得不標準，你也是可以跟人交流的，你就進入了快車道。

所以我們講的所有這些步驟，都不需要你有高智商，但是要理解這些步驟的價值，可能需要你有點腦子，或者說你一開始理解不了，可以去試一試。這個我認可。

總結出一些方法，或者說方法背後有什麼價值，這個需要一定的智商。但用這個方法本身不需要智商。因為歸根結底，我的所有方法都在強調，從一個非母語者的角度學習語言是很困難的，要去理解和學習母語者的聽力練習方法，以及學習母語者的閱讀練習方法。然後就是因為學校教育其實很無聊，所以必須有人逼著你學。

但是你一旦離開了學校以後，你的所有學習最好都跟你的興趣有關聯，這樣的話就不會無聊，就會有意思。你就會更積極、更持續地去學。

不是資訊過剩，而是你沉迷在雜訊裡

現在大多數人最愛說的就是現代社會資訊過剩。是啊，當年號稱「中國歷史上最勤政的帝王」的雍正，在位十三年共四千多天，朱批漢文奏摺三萬五千餘件，滿文奏摺七千餘件，但是平均下來，一天也才批閱大約十件奏摺。而我們現代人呢？一天花多少時間在微博？一天花多少時間在社群媒體？

我有朋友給我看了一眼他一個同事的社群媒體，一個小時不到，他那個同事轉發了一五篇長文。話癆程度簡直跟我相當了。

問題是你看了那麼多東西，上通天文，下知地理，然後呢？這些知識幫你找到新工作了？幫你升職了？幫你找到男（女）朋友了？你每天深夜睡前還努力玩半個小時手機以後才肯睡去，給你帶來的唯一收穫是什麼？

你學會了一句「然並卵[12]」，看到所有帖子都想回覆這句。

你學會了一句「懂得很多道理，卻仍然過不好這一生」。

父母給你打電話，你愛搭不理。

跟戀人坐在計程車上，還沒說上兩句，你們就各自掏出了手機，唯一能看出你們親密關係的是他看到了一個好玩的笑話會轉發給你，你看到了一個好玩的笑話也會轉發給他。

隨時隨地你都在玩手機，隨時隨地你都在轉發。

你總覺得這世界太倉促，稍微不小心就錯過了一句至理名言，或者一個讓你爆笑的笑話。但是，你看到一篇稍微長一點的文章就會說，這麼長，誰有耐心看啊。至於看書，你這幾年閱讀量也算是日可過萬字，但是書長什麼樣子，你都快忘了吧？

在這種情況下，你當然會覺得資訊過剩了。人生苦短，一睜眼一閉眼，一生就過去了，唯一的遺憾是，社群媒體還沒刷完。

但是，你錯了，資訊從來都沒有過剩，你只是沉迷在雜訊裡面而已。

首先，我們要說明白，什麼是資訊，什麼是雜訊。

一切可以給你帶來實際好處的都是資訊，不能給你帶來任何好處的就是雜訊。

很多好的資訊是稀缺的，而且是有時間限制的，過時以後可能就沒有價值了

如果你有內幕資訊（暫時不討論內幕交易的法律問題），你可以輕鬆致富，這樣的東西是資訊。這個世界上最有威力的就是資訊。

如果你可以回到過去，最重要的不是改變過去，而是獲得未來房價的資訊，未來會狂漲的股票，未來的彩票大獎號碼。然後你就可以悠閒地變成一個錢怎麼都花不完的富人了。但是如果你知道昨天的彩票大獎號碼，有任何價值嗎？

但是，這些資訊都是稀缺的，是難以獲得的。如果你想在股市上馳騁，就需要有大量的行業知識，或者深刻理解股票市場本身的規律，當然或者你運氣很好，遇上了十年不遇的大牛市，跟著全國人民一起發家。可惜最後一種情況的很多成功者，在接下來的大熊市，不僅賠上了全部的身家，還賠上了未來幾年的全部家用。

12 編注：網路新詞，「然並卵」用於表達沒有收穫理想的效果的無奈之情。

這樣的資訊不可能出現在你的微博和社群媒體裡。

為什麼我一直宣導大家讀書呢？

因為大多數人不讀書，所以，很多並不稀奇的道理，並不難懂的道理，就稀缺起來。你掌握了這樣稀缺的資訊，就掌握了別人沒有的能力和價值。

二〇〇七―二〇〇八年的時候，我和霍炬開了一家諮詢公司，客戶詢問我們能否幫他們提供一套搜索系統。我知道Lucene可以用來做搜索，於是買了兩本書――《Java語言入門》和《Lucene實戰》。當時國內可能有百萬Java程式師，所以，《Java語言入門》並不是稀缺的資訊。但是，Lucene當時在國內還不流行，知道的人還不多，《Lucene實戰》在國內的銷量可能還沒過萬，再加上不是誰讀了都能讀懂。所以保守估計，國內當時可以做好Lucene的人可能也就在百人左右。所以，看這兩本書的結果是，我寫了一套搜索系統，當月上線，幾天後就賣了十多萬元，後來一直都有客戶。我們還用這套系統開了另外一家公司，獲得了七十五萬元的天使輪融資。

資訊的價值可見一斑。（利益相關：這家公司後來我們營運得不好，且遭遇美國次貸危機，沒有融到A輪，無疾而終。）

如今國內可能有上百萬iOS程式師。所以，iOS並不是什麼稀缺的知識。但是，二〇〇九年，iOS剛有SDK的時候，我就開始學習了。那時候，全北京只有二十—三十人會寫iOS程式。於是，當網易有道想迅速推出一個iOS版本的有道詞典的時候，他們很難找到人，自己的程式師也不知道一時能不能學會。他們輾轉問了很多人，後來通過一個朋友找到了我，我幫助他們做了有道詞典iOS版的第一個版本。一—二年後，有道詞典iOS版本就擁有了上億用戶。這是我寫過的最火的APP，但是我從來都不是網易的員工。做到這件事情，正是因為我在合適的時間，掌握了稀缺的資訊。

你的蜜糖可能是他人的毒藥。資訊亦然，你的資訊也許是別人的雜訊，你的雜訊也許是別人的資訊

大多數時候，街邊的小廣告是我們最反感的一種雜訊。我天津家裡的樓道裡面到處都是小廣告，牆上有，樓梯上有，樓梯下方也被貼滿了。大家鏟了，他馬上又給你貼上，牆刷了一遍又一遍，它們總是「春風吹又生」。

但是，那年我剛好要在北京的廣安門附近租房子的時候，讓我迅速找到房子的正是房東貼的小廣告。

對每天路過的上萬個暫時不想換房的人來說，那條小廣告就是垃圾。而對那個時候正好走過，也正好想換房的我來說，那條小廣告就是資訊。

所以經常有人來問我：「Tiny叔，我是一個大學生，我該看什麼書？」、「Tiny叔，我是iOS初學者，我該看什麼書？」

你就是你，你該看什麼書別人怎麼知道？自己需要什麼書是根據自己的需求來的，是自己在大量的閱讀中體會出來的，找別人推薦就是找捷徑，就是不走腦子，就是想被洗腦上癮，不停地想找些垃圾來毒害自己。

深度資訊的價值

這些年，我不斷地跟人說多看書的好處。

第一是因為現在看書的人很少，你只要看書，就可以脫穎而出。第二是我認為對人最重要的是成長，而成長就是不斷地用體系化的知識，倒逼自己的大腦進化。你看幾萬條微博和微信社群媒體，不如讀一本薄薄的一百頁的好書帶來的成長。

大多數的微信公眾號也是淺資訊，但我一直堅持用比寫書還高的要求來要求自己。每一篇文章的立意都是揭示大家的一些認知誤區，起到當頭棒喝的作用，力求有價值，可以幫助大家成長。

什麼是深度資訊呢？一般來說經典書都是。

但是，其實有時候，書沒有好壞，關鍵在於對你是否有價值。比如，《人月神話》這本書很薄，其實就是在講一個非常簡單的道理。就是說，在建築行業，小工可以十個人一起砌一面牆，所以，十個人砌牆比一個人快十倍。而在軟體行業，因為代碼的耦合性，管理方法的耦合性，往往人和人之間有非常強的依賴關係，經常十個人寫代碼的速度，達不到一個人的十倍，甚至有時候連一、二倍都達不到。所以這個行業其實很原始啊。這個道理簡單嗎？幾十個字也可以說清楚，但是這是一本非常有深度的書。

它揭示了一個我們之前不知道的理解世界和理解行業的維度，提供給我們一個在軟體公司管理方面時時刻刻都需要思考的問題。

有很多書都是這樣的。你可能會說，讀書有什麼意義？那是因為你沒看到這樣的書，或者說看到了這樣的書，你沒有看懂，沒有看進去。如果你做不到從好的書裡學會新的思維方法，那麼讀書確實是沒有意義的。

資訊，從來都稀缺，因為資訊本身稀缺，也因為資訊是有方向維度的，不適合你的資訊不是資訊，同時，人人都知道怎麼吸收一些淺顯的資訊，但是很多人不知道怎麼吸收深度的資訊。所以，大多數人喊著資訊過剩的時候，他們的腦子裡面只是垃圾過剩而已，我們應該做一個對真正的資訊極度渴求，對垃圾主動抗拒的人。

判斷一切問題的維度很簡單，就是我們一直說的，一切從自己出發，從自己的需求出發，從自己成長的角度去考慮。如是。

自律的，才是自由的

最近跟兩個朋友好好聊了聊，所以想寫這麼一篇文章。我一直是一個推己及人的人，我自學覺得很簡單，當然覺得人人都應該能自學。這被事實打過臉。我最近幾年都在做自由職業，我也想當然地覺得自由職業沒那麼難。但是這兩個朋友的經歷也打了我的臉。

第一個朋友是一個很不錯的程式師。他曾經跟我共事過，我很欣賞他。他這些年也一直積極地想做自由職業，但是沒成功。後來他拿工作簽證去了日本，待了幾年他已經在日本混得還可以了。他所在的公司因為疫情慢慢地轉向了全面的在家工作。

我替他高興。在我看來，他這樣的好手，工作完全能夠應付自如。如果在家工作，去掉了通勤，加上他的高效率，實際上就等於是自由職業了。一天只需要忙三、四個小時，其他的時間用來旅遊，用來休閒，都可以。

他本來在國內還蠻「宅」的，去了日本以後，經常看到他曬一些出去旅遊的照片。

這基本上就快接近我的夢想生活了。我去日本以後，其實準備先安定下來，然後買輛房車，反正我是自由職業，就邊旅遊邊生活了。然而前兩天他跟我說他換了一份工作。薪水甚至都沒漲，唯一的變化是這家新公司是比較堅定的坐班制，哪怕是日本疫情的問題，他們也沒怎麼讓步，大多數時間還是堅持讓員工坐班，不能遠端。

我說：「你為什麼要換這麼一家公司呢？在家辦公自由自在不是很好嗎？」

他說：「想是這麼想的。一開始也特別好。每天早晨早早起來，泡上咖啡，看看新聞，稍微休息休息就開始寫代碼，寫到中午，一天的工作就差不多了。下午就出去轉，把周邊的公園綠地、商場都轉了個遍。」

我說：「這不是蠻好的嗎？」

他說：「但是不知道從哪天開始就想晚起了，然後就越起越晚。起來經常發現同事的郵件已經一堆了，但是蓬頭垢面，精神恍惚，也做不好啥。用自己的電腦刷刷網站，看看電視劇，玩玩遊戲，就天黑了。往往要到晚上一二點才開始有精神，打開公司的電腦，偷偷加班，默默地把工作做完。然後就開始越來越嚴重地日夜顛倒，慢慢地變得乾脆就大半夜起來做事情，然後睡不著玩遊戲，白天再睡覺。」

我說：「也就是說你發現你完全沒辦法自律，除非有一份上班的工作？」

他說：「是啊，換了新公司兩個星期，偶爾會起晚，但是也晚不了一個小時，最多來不及吃早飯，或者稍微遲到。但是現在工作效率特別高，生活也正常了，身體也舒服了。」

我很感慨，說：「那你以後還想做自由職業，或者說做獨立開發者，或者找份遠端的工作嗎？」

他說：「應該不會了，我控制不了自己。」

我說：「Todolist、GTD、番茄鐘，各種軟體，各種自律方法，你都試過嗎？」

他說：「全都試過，都沒用，只有上班的規律生活才能讓我工作有效率。」

我從來都認為科技對我們生活的改變，讓我們Dream come true（美夢成真）。在今天的世界，科技確實帶來便利，但是有的時候讓很多人無法正常生活。

今天僅僅活下去難度太低，吃飽飯沒有以前那麼艱難。所以，人生活和努力的動力就不足了。

今天有足以讓人娛樂至死的豐富的娛樂資源。如果你沉迷其中，你完全不需要走出來。

我買了一個雷蛇筆記本，起因是客戶有個專案，我必須要用Windows的ＩＥ流覽器填寫一個表格。我想順便買個遊戲本吧，又不是買不起，就買了。剛買完，我就安裝了《絕地求生》、《荒野大鏢客》等遊戲。楠子最愛的《帝國時代》也馬上安裝上了。然後她就打了幾個小時，直到眼睛受不了了，才把遊戲本還給我。

我家裡其實還有ＰＳ４、Switch，甚至還有ＰＳＶ以及Ｎ３ＤＳ等遊戲機。我也買了愛奇藝、騰訊、YouTube、Netflix的會員。

我也沉迷過，在我最抑鬱的那段時間，我玩《塞爾達傳說》每天至少十個小時。

然而，現在家裡的這些娛樂設備都還在，但是我僅僅在完成了需要做的事情之後，才會想去碰它們。雖然我深愛它們，但是生活和工作對我更加重要。

我做自由職業的這幾年，最大的挑戰其實也是自律，而不是其他的東西。大多數人都可以在打卡制度以及上司的管理和催促下，完成工作。然而，當一切的計畫、監督和執行都是你自己的時候，你怎麼堅持，就變得很難。這也給了少數人機會跟大多數人區隔開。每個人都有機會掌握更多的時間，更自由地安排自己的時間和生活，前提就在於能否自律。

只有自律才能帶來自由。

學思關係以及閱讀中的模型和資料

孔子說，學而不思則罔，思而不學則殆。

我上國中的時候，這句話是課本上有的，是必須背的，我不知道現在的年輕人學過沒有。這句話非常簡單，但是講出了很深刻的道理。

學而不思則罔。就是說你光學習、光看書，不思考，就會感到迷惘。我們在一生中其實經常遇到這樣的讀書人，他們可以非常輕鬆地引經據典，但你就是覺得他們的思想沒有深度。他們讀書是記憶化的，沒有思考，沒有理解。他們往往記憶力超群，在一些辯論裡也可以靠各種語錄獲得勝利，但是先賢到底在說什麼他們並不知道。

人類歷史這麼長，經過了無數次的變化，各種先賢的理論至少在字面上是衝突的，為什麼會有這種衝突，他們理解不了；各種理論為什麼會發展，他們也理解不了。這樣的人，容易變成一臺影印機，或者是瘋子，因為他們看書看多了，看了太多矛盾的東西以後就不知道該怎麼自處了。

有人說運動可以減肥，有人說少吃肉可以減肥，有人說不要吃糖，有人說要吃肉，這就是「罔」。想要不「罔」，就需要自己對世界有一定的認識，對看的書有鑑別能力，有融會貫通的能力，有思考理論發展的原因和狀態的能力。當然這些都來自學之後、看書之後的思考，思考了以後，老師說的話、書裡面的知識，才能變成你腦子裡面的東西，而不是教條，不是一些讓你糊塗的理論。

從孔子這半句來說，我們也可以把「思」廣義化，用自己的實踐去驗證一個理論，也是「思」的範疇。我在看經濟學的書時，會用學到的理論試圖分析在現實生活中遇到的問題，這也是思。而去旅行，去見世面，去了解不同的風土人情，跟書上的描寫做對照，這也是思。

思而不學則殆。就是你光思考，而不去學習，不去看書，就是在浪費生命。我們在生活中也經常會遇到這樣的人。他們對人生的意義非常有興趣，喜歡各種胡思亂想，經常想破頭也想不明白，陷入各種情緒之中，但就是不知道找來一些最基本的哲學書入入門。

人類文明出現幾千年了，但是從進化論的觀點來看，現在的人類和幾千年前茹毛飲血的祖先在生理上和心理上都沒有太大的區別。為什麼祖先只能吃生肉，而你可以享受各種各樣的先進科技？為什麼祖先只能走路，穿的鞋子是草編的，而你可以穿Nike，可以開汽車？原因很簡單，因為人類一直都在傳承文明，傳承經驗，每一個人從出生到長大都需要接受教育，不管這個教育是發生在貴族學校，還是在野地裡。最初父親穿著獸皮教兒子如何打獵，自從有了文字、文字的存儲介質（泥板、莎草紙、甲骨、紙張），人類就可以非常輕鬆地把上一代的經驗通過文字的形式傳承下來（你可以想像這比口耳相傳強多少）。實際上，每一個大學畢業生，理論上都是集合了人類幾千年經驗於一身的人。但是，在學校教育之外，還有浩如煙海的人類經驗集成，在圖書館、書店裡，只要你想學，你都可以學。

可是，如果你只思不學，你就是狂妄到了以為每一件事情你都可以跳過幾千年的傳承，自己找到一個答案，或者新的解決方案。當然，如果你是不世出的天才，也許有戲，但是對大多數人來說，先去思考，再看書，吸收前人的經驗，然後提出自己的答案和解決方案是更可靠的。實際上，真正的不世出的天才們，如愛因斯坦、牛頓、亞當·斯密、圖靈、馮·諾依曼等，沒有一個不是擅於利用前人成就的人。

合理的看書方法是，看一本書，然後吸收和消化它，將其變成自己的理論，然後去驗證它。同時，不斷地吸收不同人的觀點，觀察世界，產生新的疑問，自己進行一定的思考，尋找合適的書、理論和牛人，去試圖解決這些疑問，然後試圖發展這些理論或方法，循環往復。

閱讀中的模型和資料

我在一段時間裡大量看機器學習的書和影片，事實上，所有的機器學習問題都是在模仿大腦，要做人工智慧。所以，我們從這些機器學習的思想和方法上也可以反過來對我們的大腦有一些理解和認識。

按照機器學習的理論，一個機器學習系統，往往是模型＋資料，比如你用一個樸素貝葉斯模型訓練一個垃圾郵件分類器。你選定一個模型後，資料越多，往往結果越準確（當然也有過擬合問題，這裡不討論了）。而假設資料總量不變，你選取更好的模型，或者說，同一種模型更好的參數，結果也會越來越準確。

可以類比的是，我們上學學會了語文，學會了數學，也學會了物理。這些不同的學科，實際上是不同的模型，用來解決不同的問題，你要是用錯誤的模型去解決問題，結果當然不好。目前人的大腦比機器強大的地方是，人的大腦沒有固化任何模型，老師可以教你任何一種知識，這些其實都是不同的思維模型。

回到看書上來說，我認為看書給你的收穫，一般情況下有兩種。第一，改造你的思維方式，給你新的思維模型。第二，在現有思維模型下，給你資料，讓你對現有模型更精通，更確信。

看書，我認為如果能追求資料增長，就已經是好事了。但是，最重要的是追求模型增長。這個世界上沒有絕對真理，所有的資訊、經驗、Know-How、對人有用的東西，散落在這個世界的各個角落，在實踐中、在書籍裡、在文章裡、在很多人的腦子裡。我們慢慢地學習和成長的過程，就是一個不斷汲取這些東西的過程，隨著你越來越逼近這個世界的真相，你就會有越來越大的能力，所以核心還是怎麼看待這個世界的問題。

當看到一些讓你的模型獲得成長的書的時候，你會有感覺，你也不會擔心如何外顯的問題。所有跟我聊天的人，不需要我去外顯什麼，他們都會沉浸在跟我的交談裡面，覺得受益匪淺，然後不斷地想約我聊天。

當讀書的時候我們在讀什麼

我的Kindle電子書閱讀器裡面有一百多本書，看完的有十來本的樣子，還在一本一本地買，一本一本地看。

書的意義怎麼往大了說都可以。當然，今天在這本書裡，「書」並不僅僅指紙書，也包括電子書，甚至也包括網路上的一些文章（但僅僅包括那些組織比較嚴謹、不流於表面的文章），以及YouTube上面的一些影片。

人類和動物的區別

之前我在參加上海的一個外國人和中國人各占一半左右的聚會的時候，主持人提出了一個問題：什麼是講故事，對我們有什麼意義？我本來以為這個題目沒啥出彩的。誰知道，第一個站起來說話的外國人，就把講故事的意義推到人類起源的級別上了。

他說，人類和其他動物的區別在於人類可以講故事，而動物的語言比較簡單，無法做太複雜的交流。我們可以想像一個遠古人，他可以用講故事的方式把他掌握的所有狩獵知識傳授給他的後代，這樣他的後代就不用自己從頭研究這一切。動物也可以傳授後代一些技能，但是受到語言的限制，只能傳授非常簡單的知識。

語言當然有它的局限性，效率低下，不能直接保存，只能靠一代代人口耳相傳。幸運的是，人類後來創造了泥板、莎草紙、甲骨、竹簡、紙等存儲介質，用文字的形式把很多很多資訊和知識記錄了下來。

現在任何一個考得上大學的年輕人，都可以在大學學習微積分，而微積分這門學科出現在十七世紀，也就是說，在十七世紀以前，即使當時最偉大的數學家也不會這門學問。因為書籍的傳承，我們才能站在牛頓和萊布尼茲的肩膀上去認識世界，改造世界。人類文明發展到今天，任何一個普通人生活的便利，都是由無數代人的努力和經驗造就的，而這些都來自知識的積累和傳承。

從個體上來看，人和動物的區別是，大多數動物都生活得非常類似。而人和人之間有本質的不同，隨著科技和經濟的進步，人和人在生理上的差異對人的生存競爭的影響越來越小。換言之，就是知識改變命運，越來越容易。當然，在國內有一種誤區，以為所謂的知識改變命運，指的就是上大學改變命運，其實不然。學校教育只是獲取知識最高效、最常見的一種手段而已。而大多數人被學校教育蒙蔽，以為離開了學校，就沒有辦法系統、全面地獲取知識。事實上，在這個時代，大學畢業，競爭才剛剛開始。

關於打折

我總勸大家不要在京東、當當（購物網站）打折的時候才買書，有人說，他們不是只在打折的時候才買書。但是，事實上，很多人僅在打折的時候才想起來自己需要看書。買書、看書應該是一種習慣，一種生活方式。如果一本書不能讓你毫不猶豫地買下來，你未來會把它好好看完的機率也不會太高。

其實也不是說你就不能買打折的書。問題在於，任何一本好書的價值都遠大於它的定價，在這樣的情況下，迅速獲得一本好書，獲取其中的知識，從而提升自己的價值，才是更合理的決策。或者反之，如果你覺得一本一百元的書，只有打折到二十元的時候你才買，也就是說你認為閱讀這本書帶給你的價值只有二十元。那麼在這種情況下，我只想勸你，別看這本書了，看書還要花時間呢，這點時間幹什麼獲得的價值不比二十元高，這二十元吃點啥不香呢？

一個人如果不在乎自己的時間的價值，就不能真正地提升自己，只能把生命浪費掉。

每次說到這個話題，總有人跑來說，他們不就是看了幾本打折書嘛，用得著那麼說來說去嗎？買原價書就那麼「高大上」？錯了，問題不在於省錢與否，而在於這種心態。折扣是一種用來扭曲商品價格，從而讓人忽視商品價值的行銷手段。而對你自己來說，核心問題不應該是價格，而是一本書會不會給你帶來價值。（題外話，打折絕對不會省錢，除非商品打折與否完全不影響你的購買決策，否則看到打折就狂買一定是浪費錢的。）

要看增長你技能的書，更要看提升你對世界理解的書

演講的時候有人問，是不是年齡到了，很多事情才能懂。

其實並不是這樣的。我見過很多非常不錯的年輕人，比他們的同齡人成熟得多，他們共同的一點就是喜歡看書，喜歡自主學習。因為大多數人相信學校教育結束後，就不需要努力學習了，當所有在校的學生都覺得接受學校教育就夠了的時候，那些在學校教育之外，還在努力看書和學習的學生，當然很容易脫穎而出。

我在這兩年，開始廣泛地閱讀英文書。感覺就是不斷地接受人生觀、價值觀的升級，就是那種睡在床上覺得自己的骨頭嘎吱作響的脫胎換骨的感覺。所以，我相信閱讀可以改變你，讓你心態更加平和，做事情更加有方法，效率更高。

我之前多次用過一個比喻。我們人類的學習，就跟電腦科學裡面的機器學習很像，有的書可以提升你的資料量，使你對一個腦子裡面的既有模型加深印象，得到改善；有的書可以給你灌輸新的模型，讓你對所有司空見慣的事情產生新的理解。

我們需要看大量提升資料量的書，更要看大量增加思維模型的書。或者說，要看增長你技能的書，更要看提升你對世界理解的書。

不要找人列書單

第一，沒有人有義務給你列書單，第二，沒有人可以列出一個適合你的書單。

大師的書單好不好，很好，不過有很大的機率是連裡面最簡單的書你都看不懂。每個人都有自己的發展方向，不要讓人左右你的閱讀，要自主學習。

每一個線上書店、線下書店的陳列都是書單，代表了不同的書店、不同銷售風格對書的取捨。每一個你欣賞的「大牛」，脫口而出最近在讀的書，都是書單。

如果你茫茫然沒有方向，或者大喊一聲「這個世界上沒有好書」，問題一定不在於沒有人給你列書單，也不在於這個世界上沒有好書。很簡單，問題在於你書讀得太少。

在讀得太少的前提下談優劣是一個笑話，在讀得太少的前提下談選擇是另外一個笑話。

列不出自己的書單，找不到好書，都說明第一你不了解自己，第二你不了解書。你需要在閱讀中認識自己，先隨便找些書讀，慢慢地尋找，什麼樣的書會讓你感動，什麼樣的書會讓你受益，什麼樣的書讓你淚流滿面，什麼樣的書讓你整夜無法入睡，什麼樣的書讓你覺得自己獲得了新生，什麼樣的書讓你熱愛這個世界，這一切，既是在閱讀，也是在發現自己，發現書。

「好讀書，不求甚解」。陶淵明的這句話，歷史上有無數種解釋。我講一個我的理解。

我讀書非常快，因為看任何一本書我都不求甚解。目的有兩個。

第一，快速建立索引。

有很多書的內容是需要實踐配合的。比如一本技術書，裡面講到了一個演算法，我往往只會非常簡單地看一下，然後就略過。等到我需要用這個演算法的時候，我能知道哪本書裡面提到，就可以了。用的時候，我再找到這本書仔細閱讀，實踐一下，驗證一下，這樣的理解比認認真真地看這個章節十遍效果還好。

有的書的內容本來就太龐雜，你閱讀的意義就不在於每個細節都讀懂，而是在於需要用的時候可以找到。

第二，如果一本書足夠好，你就不用擔心一遍讀不懂，或者說汲取不了全部營養。

有很多書，我是會翻來覆去讀很多遍的，所以第一遍甚至前幾遍都無須太過認真，可以追求效率，迅速了解大局，而不是在細節上花太多的時間。

快速閱讀的好處是可以提升閱讀量，比如在接觸某個比較艱深的領域的知識時，我習慣的方式不是花時間選一本最經典的書，而是買比較經典的四、五本，甚至買十本，然後全部快速閱讀，用自己的閱讀體會找到不同書的不同側重點，相互印證，更快獲得更全面的資訊。

學校教育的價值

大多數人都低估了我們學校教育的成果。你覺得你習得了中文的聽說讀寫是很容易的事情，實則不然。如果你仔細回憶，或者觀察剛上學的孩子，你就會發現學齡前人是有足夠的聽、說能力的，但是對大量的概念、知識沒有任何認識。這是因為學齡前我們的資訊接收管道是大量的、非刻意的學習，這是學習語言聽、說最好的途徑，你會接收大量領域相關資訊（你聽到家人、朋友說的東西，總是在某些特定的領域），資訊大量冗餘，在這種情況下進行無限度的日常訓練（聽了六年，說了五年多）。

但是，在這個時候你學習讀、寫的困難其實是巨大的。所以，你仔細觀察的話會發現，小學一年級的課本只有非常少的漢字，不斷地重複（我小學的時候，一年級課本只有四十個字）。所以，實際上這是一個非常平的學習曲線。但是，隨著你的年齡和學歷的增長，語文教育有意無意地慢慢擴大你的詞彙量。如果你有自己的閱讀興趣的話，你的詞彙量就會不可抑制地迅速增長。但是無論如何，到了大學畢業時，普遍應該認識五千個左右的漢字。

學校教育的兩大價值就在於：第一，你學習的知識體系是階梯形的；第二，老師通過課堂記錄、課後作業、各種考試，提供了一定程度的強制性，保證你有足夠的學習量。

這兩件事情是不可替代的嗎？從樂學的學習曲線來看是不可替代的，但並不是說這兩件事情必須由學校、培訓機構、導師來提供。

我崇尚自由。自由有很多級別，就學習來說，你可以選擇學習什麼東西的時候，就獲得了第一層自由。但是，如果你的學習能力不能滿足你的興趣的話，你的自由是受限的。所以，我一直在鍾煉自己的自主學習能力，當這個東西突破後，我就獲得了第二層自由。而第三層自由往往是，如果你視野不夠寬廣，你根本不能做真正的自由選擇。你根本不知道你最喜歡哪個選項，因為那是你完全不知道的一個選項。所以，我學好英語的目的不是為了找份工作，不是為了具體的使用，而是為了可以在各個層面，讓我獲得最好的、最及時的材料。

這三層自由在手的時候，在我看來在這個層面就活開了。我認為我已經活開了，我深感愉悅，也希望大家有機會能慢慢突破這三層自由前面的界限。

所以，我一直說我不需要導師，我學習東西快，這跟聰明與否真的關係不大。

我學習任何一個新領域的內容，都會用非常愚蠢的方式入手，不在乎一開始的得失，前面的路徑越平坦越好，第一步越簡單越好，然後進行幾步以後，才開始思考是否有優良路徑選擇的問題。

在整個學習過程中，我會人為地設計路徑，會一步一步讓自己獲得更快的進步，但前提是每一步都是快樂的，一點一點地提升難度。曲線是越來越陡峭的，雖然一開始極其平緩。

同時，任何一個我不能設計出可以反覆練習和進行規律性學習的領域，我根本就不進入，除非我找到可以規律性學習的方法。

再談一兩句信心問題。我多次談過我的CTO，大家可能對他有了一個錯誤的理解。他現在很棒，但是一開始他的起點低於很多很多的人。

他在漳州一個普通的大專畢業，學校本身沒有會程式設計的老師。畢業後，他找不到出路，在學校的機房做了半年管理員。後來去電腦城打工都幹不下去，被開除。再後來自己在家裡迷惘了半年，學習了半年iOS。

他來上海見我的時候，iOS水準並不比OurCoders論壇裡面的任何一個初學者好。我看重的是他可以在非常困難的條件下學習，肯學習，但是並不代表他已經學得很好。

他和我都知道的一點是，以他當年的簡歷背景、水準和溝通能力，他在上海找到工作的機率非常渺茫。

在跟他共事的過程中，我發現他不喜歡抱怨，喜歡自己默默地把事情做好，不會就去鑽研。這點我很喜歡。於是在公司的工作上，我刻意地給他設計了逐步提高難度的工作。如果他是那種任何一點自己不會的東西都不肯做，都做不好的人，我可能早就把他開掉了。

可以說明的是，這樣的教育對大多數人都有價值，只是你遇到像我這樣的導師的機會是零。可是我做的導師工作裡面最重要的是什麼呢？是逐步提高難度。這事你自己真的不會做嗎？

前提是你肯努力，你願意吃這些所謂的小苦。然後，後面的東西跟你聰明與否關係不大，就看你做事情有沒有方法了。

第四章

自我接納：與不完美和解

我是怎麼在嘲笑和譏諷下學習和成長的

一九九七年我高考成績一般，於是可以選擇的大學是天津幾個比較差的大學，保底分數線，或者當時的西南石油學院。因為我父親是中海油的，所以，西南石油學院成了一個比較顯然的選擇。父母和單位裡面的叔叔阿姨都覺得這是一個最好的選擇。而我那時候，對家以外的世界一無所知。到了西南石油學院我才知道，我們學校在一個山溝裡面。同學們跟我關係都不錯，雖然我不修邊幅，大學四年都沒理鬍子，長期長髮垂肩，衣服經常一個星期也不洗。但是，我跟同學的交流也僅僅在一個很小的範圍內。

我有很多愛好，對電腦、對程式設計、對寫作、對閱讀都很感興趣。在學校可以交流的人不多，於是，我在網路時代來臨以後，就沉浸在裡面了。那是一個網路剛進入中國方興未艾的時代，網路發展得超級快。一九九八年一開始的時候，學校裡面僅有幾個老師和學生有上網帳號。我就是跟著一個學長蹭到了網路，註冊了自己最早的QQ號和郵箱。

但是可能半年不到，網吧就在學校內外如雨後春筍般發展起來了。到了後來，我在學校還得到了一間自己的辦公室和最快的網路連接。

年輕的苦悶很多就消失在網路裡，我對電腦、程式設計、寫作和閱讀的熱愛都在網路裡。那時候，我雖然人在南充的小山溝裡面，但是在網路的加持下，可以跟無數遠在千里之外的人討論技術和寫作。我和初戀女友就是這麼認識的，她在百里之外的重慶讀書，我們一開始是在論壇上寫東西互相認識的，然後就是無窮無盡的ＱＱ聊天和講電話。

後來，網路一直是我生活的主陣地。

我大學畢業後進入了天津的一家中日合資電子廠。同事們跟我關係都很好。但是我可以跟他們交流的愛好和研究方向卻很少。我還是經常在網上發文章、寫東西，提問題、回答問題。

直到今天我的好友裡面，還存在很多一次都沒在現實生活中見過，但是互相認同，長期默默關注的人。也有很多只見過一兩次，主要交流還是在網上的人。也有像高春輝這樣的老前輩，我小時候，他很出名，我只是一個「小透明」。現在他路過我所在的城市，總會約我和一堆朋友一起吃飯，一起聊天。

我從上海搬到天津濱海新區，到現在半年多了吧。其實我線上下見的人，只有不到十個人，中間有二〇一五年就見過的一些群友、YouTube的關注者和一個在日本工作的程式師，最近他剛回了日本。不過之前有一次，一個外送員送外賣到我家的時候認出了我，他在抖音上看過我的一個影片。所以，我經常在網路上分享我的學習心得和體會。當然與眾不同的是，我很少等到成功以後才分享，經常在剛開始的時候就分享出來。

比如我在剛剛開始學習怎麼用VC++的時候，就在網上發過帖子。然後被人奚落了很多，比如你的學校不行啊，你的基礎不行啊，VC++很難啊等等。當然後來我在文曲星工作的時候，用VC++完成的專案效果不錯。我後來也做過流覽器外掛程式、Outlook外掛程式等當時很少有人知道怎麼玩的東西。

我在最早學習iOS開發的時候也是如此。那時候國內還沒有幾個人會iOS開發。其實一開始就分享固然受到了很多質疑，但是也帶來了好處。我發了個帖子，於是我的朋友霍炬知道我在做iOS開發。於是當霍炬的朋友的朋友——有道詞典當時的一個負責人，在整個有道找不到一個會做iOS開發的人的時候，就通過霍炬找到了我。

但是，很多時候，也有很大的問題。我是一個容易被人影響的人。我是一個受到別人的批評以後，哪怕知道他說得並無道理，也會感到難過的人。所以，我這麼多年的抑鬱情緒其實跟我喜歡在網路上分享有很大的關係。我喜歡分享我的成就、我的體會、我的小經驗、我開始做的小小的嘗試。

但是，最終我還是堅持下來了，我在網路行業幹了二十年。不管是學一門技術，還是開一家公司，不管是拿到投資，還是關閉了一家公司，我都發在了網上。很多人因此認識了我，跟我成了朋友，跟我討教或者跟我分享他們的經驗。也有很多在網路上的片段，成了很多人批評我、詆毀我的資本。

但是，我還是選擇保持 open（開放）的心態。我當然不會把自己的所有資訊都放在網上。但是我還是想對這個世界展開懷抱。只要我覺得對其他人可能有一點點幫助的東西，我都樂意分享。

因為我只是簡單地寫出來，說出來，錄個影片，就有機會切實幫助到一些人，改變一些人的軌跡。這麼多年下來，線上下和線上說被我深深影響，甚至改變了人生選擇的人有很多。我也得到了非常豐厚的回報。很多人看我的文章，不管好壞都喜歡打賞，我去哪裡旅遊，都有長期關注我的人想請我吃飯。哪怕出國玩都是。

三十多歲的時候，我想學好英語。原因其實蠻簡單。我喜歡邊看美劇，邊寫代碼，但是當時我的英語水準不夠，不看字幕就無法看劇，但是盯著字幕就沒辦法寫代碼，雖然有兩個螢幕，但是我的眼睛總盯著電視劇那個螢幕的底部。於是我就認真地逼自己去看沒有字幕的美劇。由此開始，我發現幾年以後，我的英語真的突破了。

於是我在公眾號上寫了一篇文章《我是怎麼學英語的，四級沒過如何突破聽說讀寫》。最早寫那篇文章的時候，微信還沒打賞系統，我只是在文章的末尾放了一個二維碼，就給我帶來了四千多元的打賞。我當時剛好在天津買了房子，直接用這筆錢買了洗衣機和冰箱。

過了幾年，在我開始做 YouTube 頻道的時候，我提煉這篇文章的精髓做了一期影片《再談如何學習英語（為什麼要建立以聽力為主導的英語學習方式，以及如何輕鬆地突破英語聽說讀寫）》。這個影片在 YouTube 上給我帶來了八千多的訂閱量、十多萬的播放量，以及幾百美金的收入。

學好了英語以後，我出國旅遊一直用英語。不管是美國、新加坡、日本，我都是自由行，自己買票，自己點菜，各種自己闖，玩得不亦樂乎。

學好英語以後帶來的種種好處，其實我一開始並沒有想到。我僅僅是想完成一個人生目標。「看美劇再也不用字幕了」這個小小的目標實現了，而且為我帶來了更多的好處。

其實我在剛開始這麼學英語的時候，也在網上分享過我準備怎麼學英語。那時候收到的評論大多數都是批評和質疑。甚至有人說我在誤人子弟，紙上談兵等等。

幾年後，我寫那篇帶來四千多元打賞的文章的契機其實也是在一個論壇，當大家討論該如何學英語的時候，我評論了幾句，結果被很多人譏笑和質疑，我才在義憤下寫了那篇文章。

大概幾個月前我買了臺3D印表機，然後我選了選，決定用Blender（三維圖形圖像軟體）來建模，我頭兩天的文章發了很多我最近列印的小東西。我設計和列印這些小東西，發出來以後，其實也受到了很多批評和質疑。

有人說，他們這種專業做3D列印的，看到我們用家用印表機打的東西簡直像玩具。

有人說，有了鍾子一切都是釘子。很多人買了3D印表機之後，家裡什麼都用3D印表機列印，也不管合適不合適。

有人說，建模建得真粗糙。

列印打得真粗糙。

你這東西這麼放容易掉下來，砸到孩子和花花草草怎麼辦？

……

聽到這些質疑的聲音，有時候也會影響我的情緒。其實發一個自己做的東西，不是說只想聽到稱讚，但這至少也是有目的的、有方向的一種表達。說明我喜歡用Blender建模，喜歡用3D印表機做東西。如果你也喜歡，大家有機會一起交流經驗技巧。而不是說，我做了×××，你快來批評吧。

而且，很多時候，我發的東西，那就是一個學習的過程。也許做一個托架，可以做成某個經典的樣子，人人都覺得好看。但是我今天正好想試驗怎麼用建模做出一個特定形狀，有時候，我在測試列印的零件某個側面很薄的時候，它的強度和受力是否還夠。懂的人，可能留言的時候，馬上就可以跟我交流起來。他們可能看得出來我想做什麼，可以和我交流他們的經驗，看看有沒有更好的解決方案。

而更多的人只是覺得找到了一個去質疑的點。

其實在我學習程式設計，學習寫作，學習英語，學習任何一個東西的過程中，都不斷地遇到這些人。還是那句話，他們在短期內會對我有影響。而長期看來，那些人不知道去哪裡了，也許過得很好。但是我也過得很好，因為我最終沒有搭理他們，沒有被影響。我只是制訂一個自己的目標。

程式設計我從十二歲開始上手，一直到今天，寫了三十一年代碼。一開始就是個愛好，考大學的時候，都沒敢報電腦專業（分數也不夠），但是我幹了二十年程式師。

寫作方面，我從二〇〇二年開始寫blog，寫了二十年。一開始寫作也是愛好，沒想過可以靠這個掙錢，不過從二〇一五年開始，寫作給我掙了不少錢，也是我目前最大的收入來源。

認真自學英語從三十多歲到現在也有十年了，給我帶來了無數的好處。

Blender和3D列印我才剛剛開始學習。

才四十三歲，到六十歲還有差不多二十年，到九十歲還有差不多五十年，如果能堅持到九十歲的話，還有無數可以去學，可以掙到錢，可以享受到樂趣的東西。

只比別人好一點，也有意義

剛才在微博看到一段話，網友說：「過去十八年經濟高速發展，讓人形成了『努力就能獲得回報』的意識，年輕人總覺得現在『九九六』，就能有一個更好的未來，就像在牛市裡炒股的人，總覺得自己能一直賺錢。然而很多人沒意識到我們正處在變化之中，尤其是疫情更加速了變化，高速增長不會永遠持續，努力不一定能獲得回報。」

他說得對嗎？

對的。過去中國的經濟發展是一個奇跡，因為在改革開放之前中國窮得一塌糊塗。中國的經濟在改革開放以後，擺脫了無數束縛，進入了全球經濟大循環。這當然給國人帶來了無數的機會，很多人下海，很多人創業發了大財。

但就算是按部就班上班的人，就算是不冒任何風險的人，隨著整個經濟的高速增長，也過得越來越好了。不努力都有一定的回報，何況是真正努力的人呢。

是的，幾十年過去了。我記得小時候，哪裡能天天吃水果，我生在天津、長在天津，冬天我們吃的唯一的蔬菜就是大白菜。每年冬天，我們都會買一車大白菜、一車煤，燒一冬天的煤爐，吃一冬天的大白菜。

有一次，我很生氣地跟爸爸說，怎麼天天都吃大白菜。我爸也很生氣，還打了我，他也非常委屈。因為他已經盡力了，今天是炒白菜，明天是白菜豬肉餡的餃子，後天是燒白菜，他想盡辦法每天換花樣讓家人吃得更好，但是他改變不了那個時候，我們冬天只買得到白菜的狀況。

而今天，不需要出門，全球各種水果、蔬菜、肉類、海鮮，都可以在手機上點個單，就送到家裡。

社會發生了天翻地覆的變化，中國的整體經濟成長達到全球前列。

問題是高速增長不會永遠持續下去，所以很多人開始有一個疑問，既然「努力就可以超額獲得回報」的前提消失了，那麼我們還需要努力嗎？

是不是你的眼光太高，想得太遠

很多人的問題在於他們的眼光太高，想得太遠。

他們總在問一個問題，現在階層固化了，該怎麼跨越階層。換言之，他們並不滿足於做公司裡面最優秀的員工。他們只想做老闆。他們覺得這社會如果沒有隨時隨地完成階層跨越的機會，就是社會錯了。

沒錯，當社會發展到一定程度，大規模跨越階層的機會會越來越少。現在全球經濟前景不明朗，以前的某些「造富神話」難以輕易複製。

這都是真的。

問題是，你為什麼老是看著一些不切實際的目標。

馬雲現在當然厲害，但是他也有向國家部委推銷「中國黃頁」被人拒絕的時候。劉強東現在當然厲害，他當年也是從中關村擺光碟攤子開始的。馬化騰當然也很厲害，但是他當年也曾想過五十萬塊錢把QQ賣掉。

那些完成了階層跨越的人，也不是一開始就一步登天的。做一切事情都是有順序的。

你不可能今天還什麼都不會，是公司裡面最差的一個程式師，明天就被老闆任命為CTO。你總要先寫好程式，先讓大家都覺得你是公司裡面最好的程式師，你總要先從一兩個小專案的管理裡面積累經驗，總要先做出點成績吧？

是這世界不存在階層跨越的機會了，還是你根本一點都沒努力？

你今天做一個程式師，是公司裡面最差的程式師。那麼突然之間，你就可以開一家餐廳，讓它成為全城最火的餐廳嗎？可能嗎？

我還是一直承認，機會在不同的時代是不同的。但是每一個時代，都有人發財，都有人獲得成功。這是毋庸置疑的。

而對大多數人來說，夢想一夜暴富既不現實，也不安全。

有很多文章寫了追蹤那些中高額獎金的人的故事，發現後來生活得很幸福的人並不多。有的人錢拿到手就開始揮霍，很快花光了，甚至欠債。錢沒有了，消費水準卻已經降不下來了，苦不堪言。有的人跟家人朋友徹底決裂等等。

為什麼？因為你連怎麼花錢、怎麼理財都不知道，就算你突然幸運，你怎麼承受呢？

就像很多人做白日夢，自己現在啥都不會，但是老闆突然任命他為CTO、市場總監等等。可能嗎？也許有可能。但是你有想過嗎，如果你從來都沒有努力過，真的到了高位，你可以做幾天？如果你連一個五人的開發小隊都沒有管理過，突然讓你管理幾百人的程式師隊伍，你怎麼管理？

就算老闆瘋了任命你做CTO，但是你做得一塌糊塗以後，老闆還會讓你繼續做嗎？

只比別人好一點，也許都是有意義的

退一萬步說，大機會都沒有了。努力也不會讓你改變命運了。

這不由得讓我想起一個故事：

幾個朋友在森林裡遇到了野獸，大家都開始跑，一個人停下來換了跑鞋。另外一個人問他，難道換了跑鞋，野獸就追不上他了嗎？他說，野獸追不追得上他不知道，但跑得比同伴快一點應該是能做到的。

所以，你還是應該腳踏實地，不管經濟形勢好壞，你和家人總要生活。努力一點，當然不會變成馬雲。但是比同事家餐桌上多一個饅頭也許是可能的。不努力也不至於徹底餓死，但是少個饅頭也是應該的。

而有的時候，多一個饅頭就多一條命……

在我成長的歲月裡，我爸爸曾經做過無數的事情。他和我媽在房前屋後種菜、養豬。他甚至曾經在豬肉供應緊張的年代，跟公司簽訂合同，幫公司大規模養豬，解決公司豬肉供應問題。他還搞過蘑菇大棚等等。

很多年後，我曾經問他，我小時候看他折騰了那麼多事情，好像我們家也沒發財啊。他最後還是靠大國企（中國國有企業）的死工資退休的。

他說是啊，最早他結婚的時候背負債務，上班之餘為還債做了各種事情，還了好多年，從四川來到天津才還完。還完債了以後，做事就是為了改善生活啊，沒掙到啥大錢。但是，咱家餐桌上總是有肉，不說錢多少，家裡伙食總是周圍最好的。

其實，現在想來，這才是一個一家之主，家裡的頂梁柱對家庭最大的貢獻，一個一輩子沒有發大財的人的奮鬥史……

放下憂慮，接納自己

有朋友在我的知識星球提問：「Tinyfool，你好，我想問你，人生如何才能學會接納和放下？這可能是個很大的課題，但困擾我很久了。」

我一直克制著自己的情緒與行為，但這樣的克制更像是自我封閉，讓自己變得麻木，一觸碰那些能影響我情緒的事物，我就很難繃住。

別人老說我想太多，我也覺得自己可能是想得多、做得少，沒吃過什麼物質方面的苦，所以不能著眼當下。下面是我的回答，也分享給大家。

可能跟年齡有關係

一直有一種說法，隨著你的年齡的變化，你的性格也會慢慢發生變化。

王小波說：「後來我才知道，生活就是個緩慢受錘的過程，人一天天老下去，奢望也一天天消失，最後變得像挨了錘的牛一樣。可是我過二十一歲生日時沒有預見到這一點。我覺得自己會永遠生猛下去，什麼也錘不了我。」

我想王小波主要說的是人被生活折磨，或者說是經驗的積累，歲月蹉跎。但是可能也跟內分泌、衰老程度有關係，慢慢地人的性格總會變得平和。

當然也有例外。我最近幾年越來越容易接納和放下，但是我總覺得心裡有些東西沒有變過。性格也確實變了，變得不那麼在乎了。不敢在乎，也不能在乎了。

但是我總相信，如果你願意，你既可以活得更年輕，就是永遠保持熱情，對世界充滿希望；也可以活得更成熟，就是不在乎那些無關緊要的東西，聚焦在最重要的讓你充滿激情的東西上，不那麼容易被激怒，也不那麼容易放不下。

也許是因為太閒了

其實現代人的種種心理問題，可能恰恰因為現代人比古人更閒。古人每個白天都疲於奔命，晚上不見得捨得用油燈和蠟燭。所以每天沒有那麼多時間用來思考人生，因此雖然古人也有心理問題，但是沒那麼嚴重。

而現代人在科技的幫助下，其實越來越閒了，所以，越來越喜歡胡思亂想。很多時候，我們知道自己想得太多，就像你也說你覺得自己想得太多，但是我們還是會想得太多。問題是人不是完美的動物，人確實是會胡思亂想的。

所以你需要克制自己，在知道自己開始多想的時候克制自己。

但是更重要的是找到其他的激情所在。如果你像我一樣，最近幾乎每兩天都能寫一篇長文，都要學習一個小時的日語，都要寫幾百行代碼，都想出去遛個幾公里，你很難在錯誤的問題上想太多。

就像我以前說過的，如果你沉迷微博、抖音等，也許不是因為你是一個純粹的容易分心的人，而是因為你生活中有太多的無聊時間需要被填滿。而當你無數次用微博、抖音去填滿你的生活以後，它們就成了習慣，會反過來塑造你的情緒，你的心情，讓你的關注點變得游移。

而解決方法不是戒掉什麼，因為戒掉微博，還有抖音；不玩抖音了，還可以打麻將；

不打麻將了，通宵看電視也沒啥好處。問題不在於某一個讓人上癮的因素，而在於你感到空虛，你需要被無聊的愛好填滿。

所以，還是要找到其他健康的、積極的、能對未來有長期影響的激情所在。

所以，我剛才描述了我作為一個自由職業者比上班還要辛苦的工作安排。然而，我沒時間看電視嗎？當然還是有的。不過因為我很充實，看電視或者任何其他愛好，不會讓我上癮，不會影響我的休息和精神狀態。

就像我們以前說過的，失戀最好的解決方法是投入一場新的戀情，一旦有了新戀情，你就沒有時間去思考失戀的問題了，問題自然就解決了。

學會節約時間

當然，需要節約時間的前提是你的激情所在已經占據了你的時間。如果你倍感空虛，節約時間只會給你帶來更多的空虛。所以，先找到自己的激情所在。

啥叫節約時間呢？

比如我以前會在微博上浪費很多時間。我覺得有人評論我的微博，我就有義務回覆。而有的人的價值觀跟我差異很大，我想說服他們，就會花很多的時間去跟他們爭吵。後來，我發覺這非常浪費時間，而且影響心情，我就開始克制自己去回覆那些有爭議性的問題。我發現節約了很多時間，而且改善了心情。

但是還有很多非常噁心的評論，我就截圖發出來。我後來發現這仍舊浪費了我的時間。

於是我就不發了，直接把他們刪掉。

如果不是特別惡毒的咒罵我連拉黑都不拉黑，直接刪掉。

為啥，因為我發現，那些讓我不快的留言者不值得我關注。他們很多時候，連說話都說不清楚。我一旦回覆了他們，就浪費了時間。我覺得我的時間很寶貴，我不需要去搭理他們，我站在道德高地上面蔑視他們，所以不理他們，由他們去吧。

就像我以前也像很多人一樣喜歡在人行橫道上搶跑。後來，我想明白了，我覺得我自己很有價值，如果一個司機撞傷我，或者撞死我，我就太不值了。我甚至遇上綠燈都讓著司機，我不希望我寶貴的生命有一點點損失。

節約時間從自重開始，覺得自己很重要，覺得自己的時間很重要。

於是回到前面講的，只關注自己的激情所在，而不是anything（任何事）。這樣外界的干擾就會對你影響越來越小，越來越小，你就可以繼續專注於自身的成長。

而在心理上道理是一樣的，只有你自重，核心關注在自己身上，接納和放下才會變得容易。

如果有人捅了你一刀子，你當時一定會感到疼痛，但是等到傷疤好了，癒合了，生理問題解決了，你心情問題不解決的話，還想著那一刀子，那麼你就持續地受到傷害。

外界對我們的傷害都是這樣的，當時看來是短暫的，刀子拔出去傷口就開始癒合。而對心理的傷害往往是我們自己不肯癒合造成的。

想清楚了這些，就要學會遺忘，不是因為腦子不好記不住，而是因為這世界有太多美好的東西需要去記住，有太多有意義的事情要做，沒時間去回想，也不必回想。

積累比堅持更重要

有個小夥子跟我說：「Tiny叔，你太厲害了，天天不停刷微博，還可以做這麼多事情。我就不行，我現在天天沉迷於微博，什麼事情都做不了。我要徹底戒掉微博，努力學習了。」

這段話聽起來熟悉嗎？你說過類似的話嗎？你聽過小夥伴說過類似的話嗎？我其實聽過不止一個年輕人說這樣的話，說完以後，有些人過了幾天就繼續以刷微博為業了，但是有些人真的戒除了微博。然後呢？然後這些成功戒除的人裡面，有人做成點什麼事情了嗎？抱歉，我還沒遇到。

我提倡思考的原因就在於此。有很多人忙，但是把生活和工作忙成了一鍋粥，並沒有因為自己忙而取得啥成就。原因何在，在於他不明白他忙是因為他總是不能停下來提升自己的效率，不能改進自己的問題，所以忙只是給自己添亂而已，越忙越亂、越亂越忙。

而所有沉迷於任何一種壞習慣的人，最大的問題不是沉迷，而是沒有真正值得做的事情。做事情沒有激情，沒有動力，自然而然就會陷入無聊之中，當你無所事事的時候，當然會沉迷在某些東西裡面。你以為問題在於微博，戒掉微博以後，節約的時間會去哪裡呢？還不是去看一些不見得比微博好到哪裡去的電視劇嗎？

之前，我買了一個PS3，一開始在家裡玩《刺客信條四：黑旗》。那正是我開始走路鍛鍊身體的日子，玩了幾天，我發現天天在家裡玩遊戲的話，運動量就沒有辦法保證，身體也不舒服。我就開始恢復鍛鍊計畫，轉眼間幾個月過去，我發現，我都忘了我買了一個PS3。後來身體好了一些以後，我刻意地減少了一些運動時間，又撿起來PS3玩了幾次《GTA5》，也是沒玩多久，我發現我沉浸在一個專案裡面，又忘了自己有一臺PS3了。

我每天都在刷微博，要是論線上時長，我在國內可能都排在前幾名。但是這不耽誤我營運我的公司，不耽誤我做我的專案，不耽誤我減肥減了二十公斤（在二〇一三—二〇一四年），不耽誤我在微信公眾號寫文章，不耽誤我每天看一個TED無字幕影片，學二十—三十分鐘日語，不耽誤我每天用Quora，不耽誤我做一切的事情。其實不僅刷微博，我還在玩《部落衝突》，每天都會玩一會兒。我每天都會看美劇消遣（當然也可以算作學習），有時候，我會看很多電影。

為什麼不耽誤呢？因為我想做的事情一定為先，娛樂一定為後。想做的事情跟我娛樂的事情一樣，我對它們都很有激情，都很喜歡。

我跟一個學弟聊天，他工作性質特殊，出海上平台工作二十八天，回到陸地休息二十八天。我跟他說：「你這樣的生活，有非常大的好處，你有非常多完整的業餘時間可以利用，利用好了效果驚人。但是，你這樣生活因為收入很高，所以，機會很容易默默地飄走，過五年、十年沒有變化也很容易。」

世人皆說堅持，但是我不喜歡說堅持。你可以堅持工作十年，不學習的話，也叫堅持了。你可以十年不上微博，但是仍舊一事無成。我們要看的是積累。

什麼是積累呢？

堅持就是你昨天走了五千步，今天仍舊走五千步，積累就是昨天走了五千步，今天一定要走五千零一步，明天要走五千零二步。你的生命中有價值的時光，就是你積累的時間，或者說，你堅持讓你自己進步和有變化的時光。如果你有了這樣的尺規，你每天都玩五個小時遊戲，每天都狂刷微博，你的人生也不會荒廢，因為你知道自己沒有原地踏步。

持續成長，內心平靜

我寫的東西一直被人叫做雞湯，我也把自己的文章說成雞湯。這是因為很難描述這樣的東西是什麼，國外的書籍分類裡面有一個分類叫做Self-Help（自助），我覺得這個詞不錯，比較像我想寫的東西，因為我不相信我可以幫你多少，我相信最終可以幫助你的一定是你自己。我樂於做催化劑，就像我催化了我前妻、我的CTO，以及我身邊一些有前途的年輕人。催化劑是對我的作用最好的描述，因為我不會幫你去看書，不會幫你去解決實際的問題，不會幫你去應對你的老闆、你的仇敵、你的父母和你自己。我只會告訴你，這些事情有時候確實很麻煩，但是，你能怎麼樣？你逃避一輩子也沒有用，不是遲早要去面對嗎？

而中文意義裡面常見的雞湯不是很像我在寫的東西。因為我並不相信逆襲，不相信你的金光大道就是當上總經理，走上人生巔峰，迎娶「白富美」。當然，我也不是那種視金錢如糞土的人。金錢當然是好東西；當上總經理，當然比吊兒郎當過一輩子好；「白富美」當然好過「黑窮醜」。但是，什麼是最重要的東西呢？

我認為是持續成長和內心平靜。

先說持續成長。這個社會還在劇烈地變化中，你一定會在相當長的一個歷史階段裡，看到各種暴富的神話。如果你覺得錢多才是唯一的成功標準的話，你很難獲得幸福。就算你開了一家年利潤過千萬元的公司，也有人可以走過來悠悠地告訴你，他的黑卡一次可以刷上千萬元。

但是，我們也不能沒有目標。目標應該是一個永遠都可以接近，但是永遠不能觸及的東西。

如果目標太近，達到了你就沉淪了，這個時代有太多沉淪的故事，原因就在於此。我們的父輩經歷了太多的困苦，所以在我們的教育裡面潛移默化地告訴我們吃飽穿暖最重要，這在十－二十年前確實如此。可是在今天，吃飽穿暖真的很難嗎？於是很多人沒有了方向。二〇〇三－二〇〇四年的時候，我在北京的西二旗上班，住在公司東北旺的宿舍。每天我們這些外地來的ＩＴ外來工上午十－十一點鐘走在上班路上的時候，都會看到路邊的一塊空地上有些人在吃燒烤喝酒，那是東北旺那些房子的主人。附近的ＩＴ公司越來越多，當地人把房子都租出來以後，他們迅速吃飽穿暖，不需要工作，靠房租就可以活得很好。我有時候也很羨慕他們的悠閒，但是有時候會覺得，那樣活著已經接近死去了。

目標太遠就無法停歇。我有一個朋友家境並不好，去北京的時候最大的夢想就是買一套房子，經過了很多年的努力，他終於買了兩套房子，實際上他還住在出租屋裡面，儘管他收入已經不低了，但是壓力仍舊很大。有一次，他給我打電話訴苦，說最近工作很辛苦，想退休算了。不過過了幾天，他又跟我說想了想還是要繼續工作。後來有段時間他感情上出了些小問題，也很痛苦。我跟他認識很久，非常了解他。有一次，我就開導他說：「我知道你很努力，我知道你很有想法。但是，我覺得你的很多痛苦和不快樂都來自你自己。你之前不滿足於自己的境遇，這成了你成長的動力，但是，你前進了這麼久以後，要學會把目標從實際的錢數轉換成一個前進的方向。首先接受自己的現狀，先知足，然後再繼續前進。你成長的目的是什麼？真的是金錢嗎？不應該是生活幸福本身嗎？當金錢這個目標影響了你的幸福本身的時候，你應該想清楚孰輕孰重。」

美國有一些非常成功的企業家，可以給我們指引一個方向。最典型的是特斯拉的老闆埃隆・馬斯克，他是Paypal（貝寶）的創始人之一。對一般人來說，開創了類似Paypal這樣的企業，應該死而無憾了，得到的現金回報也夠一個人非常奢侈地度過一生了。為什麼他還要去創立特斯拉和SpaceX（太空探索技術公司）呢？其實人生並不只有一座山峰，而是一座座的山峰，你當然可以征服一座高山後休息，但是你也可以一座一座地去征服，根本沒有盡頭。

一般人喜歡談你現在站在哪一個高度，這是因為他站在了靜止的角度去看世界。我喜歡從你向上爬升的速度去看，如果你速度足夠快，你遲早可以超越每一個高度。

在我認真學英語的過程中，我不斷地去展示自己並不好的口語，自己寫的並不通順的句子。經常有人不理解，甚至嘲笑，確實，這裡面有很多人可能比我當時的英語水準高，但他們只是在那一個時刻就我們的英語水準一較高下。一年後，我在公開場合做了一次全英文的演講。後來，我開始看全英文的書。再後來，我開始在Quora上回答問題，一開始沒有人點讚，或者點讚的人寥寥無幾，但是現在我已經寫過收穫幾百個讚的回答了。我在持續地變化，那些之前嘲笑我的人就開始慢慢地變得可笑了。這就是持續成長的力量。

持續成長才是我們應該有的目標，因為它比任何目標都謙卑，每個人都可以擁有它，實現它；同時它也比任何目標都偉大，每一個持續成長的人都沒有盡頭，無法被阻擋。

再說內心平靜。我們正在從一個匱乏社會向一個充沛社會轉變。也就是說，最大的矛盾從吃飽穿暖變成精神追求方面。一個人如果吃飽穿暖了還不幸福，那問題出在哪裡呢？當然是內心不快樂了。

我們已經沒有那麼大的生活壓力了，大多數人可以輕鬆地活下來。這個時候，你是不是應該多想想，怎麼讓你自己的內心得到快樂呢？

即使從功利的角度去看，在這個時代，如果你能順從你的內心，你可能做出來更偉大的東西，從而獲得更好的物質回報。

這個時代在劇烈地變化，但是，造成很多人困惑、迷惘和不幸的，不是變化本身，而是不明白如何應對變化。社會意識和思想的進化速度總是慢於社會本身的進化速度，這就會造成思維方式和現實狀態之間的扭曲。我們需要做的是積極應對改變，用學習來對抗變化，保持年輕和積極的心態。

但是同時，我們又需要保持基本價值觀和個人性格取向的不變來應對萬變，從而獲得內心的平靜和滿足。

沿著一個既定的方向，慢慢來

我在心情和境遇最差的時候，不得不靜思人生，感覺人生是那麼的蒼涼。我那時候公司瀕臨破產，人也胖得不行，身體快垮了，有幾天連吃鹽都吃不到味道，悲觀得要命，抑鬱得不成。但正像彈簧唯有被壓到最低的時候，才能得到最大的彈力，我也只有當心如死灰的時候，才真正地反思人生。

我當時一百三十公斤。

小學前，我非常調皮，所以也不怎麼胖，但是上了小學，尤其是三年級以後，人生憂患識字始，我喜歡上了讀書，從此就變成一個完全能沉浸在自己世界裡面的人，加上我老爹當年的手藝了得，我就慢慢地變成了一個小胖子。

高中的時候，我身高一七八．八公分，體重八十公斤，雖然也很胖，但還算過得去。那時候我超喜歡打籃球，每天除了上課、吃飯、睡覺，就是在宿舍門口的籃球場上流汗。

高考那年我考得有點差，一開始估分的時候，估計自己過不了本科線，所以那個假期前半部分過得有點陰鬱，父母偶爾會嘆氣，我只是窩在家裡玩電腦，不敢出門，不敢造次，每天輕聲細語。後來分數線下來，成績雖然不好，但是過了本科線，還上了西南石油學院（跟我父親單位對口，當時覺得是很好的選擇）。雖然不是重點大學，但至少父母心裡一塊石頭落地了，那之後我就活得非常歡快，不過仍舊窩在家裡玩電腦。父母時不時就做點扣肉、紅燒肉來犒勞我，那一個假期過後，我的體重長到了一百五十公斤。

大學四年，我更鍾愛電腦，甚至連上課都沒怎麼去。籃球也打得少了，因為宿舍離籃球場有點遠，也因為打籃球打碎了好幾副眼鏡，也許還因為大學比高中大多了，不是總能遇到相熟的人一起打球。那幾年，我的腋下和脖子後邊很黑，我以為是洗澡沒洗好，現在看來那時候糖尿病的早期徵兆就已經出現，胰臟已經受損了。大學四年後，我的體重長到了一百一十五公斤。

畢業後，工作單位裡面同事關係不錯，人人都喜歡我，也沒有人在乎我是個胖子，產線上的工人對我也很客氣，郝工前郝工後地叫來叫去。二—三年後，我的體重長到了一百三十公斤。之後的很多年，最多到過一百三十五公斤，那時候我認識了我前妻，瘦到一百二十公斤，再後來增增減減，到了一百三十公斤。

寫這麼一堆是在說，身上的肉和自己的困境都一樣，不是一天之內降臨的，也是慢慢積累的。所以，那時候痛定思痛，我想解決我的一切問題，但方法是不著急，沿著一個既定的方向慢慢來。所以那一年，我開始走路鍛鍊，調整飲食，短短兩個月減了二十公斤，把自己嚇了一跳，強迫自己slow down（慢下來）。（後來又有些波折，二〇一四年十月又反彈了五公斤。）

如果你有心，一切都是體會，一切都是感悟，一切都是成長。

我確實是要減肥，我的目標是一百一十公斤↓一百公斤↓九十公斤↓八十公斤↓七十公斤，一個階段一個階段地來。但是更重要的是，我們需要抵抗衰老，對我來說，回到一百零五公斤就回到了大學時代，回到九十公斤就回到了高中時代。

而對每一個人來說，也許你們不胖。但人生本是逆水行舟，當你停止前進的時候，你就老了，你就死了。就像我的微信公眾號一樣，更新它的目的是什麼？它可以給我掙很多錢？它可以給我帶來很多滿足感？對的。不過更多的是，更新它以及做很多麻煩、不麻煩的事情，讓我感覺我活著，我沒有老去，永遠不死。

疼痛有時候也是一種成長

大前天買的車，前天騎了三十六公里，其實我之前在上海也買過一輛車（後來不慎丟失），最多騎過四十多公里。不過我前天比較注意速度，騎的時候保持時速在二十公里以上，再加上我很久沒有騎車了，所以騎完了就覺得胳膊很疼，而屁股更是疼得要死。

昨天炒菜的時候沒發現什麼，但是出鍋的時候我發現單手提鍋都有點拿不住了，坐在我超貴的Herman Miller（生產辦公家具的一家美國公司）Embody座椅上面，屁股不覺得疼，但是坐在任何其他地方——地鐵、公園的長椅上都覺得很疼。到了今天早晨發現腿也有點疼了。

這不由得讓我想起很多年前，我第一次跑步鍛鍊的時候，跑完了也是渾身疼，然後就恨上了跑步，雖然有人跟我講過這樣的疼痛其實是肌肉在生長的正常現象。

疼痛是人最重要的感覺，如果沒有疼痛感，你就會肆無忌憚地追求風險，就算渾身是傷，即將死亡也不知道。疼痛也是人最不好的一種感覺，因為有時候，那些疼痛讓我們以為有些成長也是壞的，就像有些藥是苦的一樣。

但是，人跟其他動物的區別在於，人是有意識的，人能了解自己，從而超越自己。從直覺上，任何一種疼痛都是不好的，都是要躲避的，但是人可以超越自己的直覺去追求一種疼痛，把疼痛變成一種快感，變成一種體驗，從而獲得成長。

很多人都在談論《異數》這本書，都在反覆地談一萬小時到底夠不夠，但是，那本書談的其實不是普通的一萬小時，畢竟有那麼多幹夠一萬小時而毫無成就的人。那本書談的一萬小時是不斷突破舒適區的一萬小時。

聽著很難理解，啥叫突破舒適區？其實很簡單，就是你感到疼痛的時候。如果你可以輕鬆爬五層樓，那麼爬六層樓也許你會開始大喘氣，七層樓也許就會累了。那麼五層樓就是你的舒適區，你每天都爬五層樓的話，就是堅持。而每天都試圖多爬一層樓，就是成長。

而成長都是有疼痛感的。

我不是在談鍛鍊身體，我是在談人生。

到了今天，我會十多種程式設計語言，在三大主流桌面作業系統Windows/Mac OS／Linux上都開發過很多程式。但是一開始呢？我是從學習機的Basic手冊開始學程式設計的。不懂什麼是常量，什麼是變數，不懂什麼是副程式，什麼是迴圈。痛苦嗎？痛苦。怎麼學下來的呢？一遍看不懂，看第二遍，第二遍看不懂看第三遍……

有太多的人在學校教育的重壓下可以學會任何困難的東西，但是自學的時候就非常嬌氣，一遍看不懂就會放棄。

然而，哪裡會有那麼容易的成長？

到了今天，我已經開始喜歡忍受某些疼痛。所以，我去學日語，瞬間把自己變成了一個傻子，到現在為止，我連句完整的日本話都說不好。每次重複教程裡面的一個長句都痛苦得要死，需要聽好幾遍，自己說上六、七遍才能說對。

所以我重新開始學畫畫，所以我去騎自行車，所以我去走路，所以……

愛上成長，就是愛上那種疼痛，愛上那種感覺，覺得自己一往無前，不可阻擋……

堅持本心，不要懼怕任何改變

前兩天我看了《神偷奶爸》，毫不意外地看哭了，我有女兒，我知道當一個美麗的小傢伙跟你撒嬌的時候，你是沒有任何抵抗力的。但是，我仍舊被電影所深深感動。電影裡面的格魯本來是一個超級大壞蛋，以為自己只喜歡做壞事，但是內心柔軟的部分從來沒有真正消失，只是被自己堅硬的殼隱藏了起來，直到有了人性的溫暖，有了親情的澆灌，才迅速生根發芽成長。

我活到三十三歲的時候，突然覺得在此之前的人生，是我在生活和環境的壓力下掙扎，一點點失去本心的過程，而這兩年，慢慢地我覺得最珍貴不過的就是隨心隨性而動，堅持本我，堅持自己喜歡的東西，堅持和捍衛自己的生活方式，追尋自己內心的快樂。

在成長的過程中，我們都一邊追尋著改變，一邊畏懼著改變。因為我們常常不知道哪些改變是好事，哪些改變是壞事。我在聽一個英語Podcast的時候，裡面有一個蘋果當年的資深工程師，他談到因為自己工作做得越來越好，他被提拔去管理整個專案，一方面很有成就感，覺得自己可以對蘋果的產品有更大的影響，另外一方面他深感無力，深感不安，因為代碼越寫越少。

類似的感覺我也有過，曾經有人在微博質問我，號稱中國著名iOS開發者，我到底寫了多少代碼。我只能汗顏地說，雖然公司的專案越來越厲害，但是代碼我寫得越來越少。而到了最近一年，更有人說，這個人徹底廢了，已經不會寫代碼了，只會寫一些唬弄人的雞湯。

唉！心憂？何求？

核心問題還是回到本心去定義自己。

做什麼樣的事情，可以給你最大的快樂？做什麼樣的事情，才能讓你感到你在活著？

我父親十五歲當兵時學會了抽煙，在我的少年時代，他一天至少抽兩包煙。我非常反感他抽煙，也正因為如此，我一生從來不抽煙，連碰都不曾碰過。家裡的簾子、沙發套等曾經到處都是他抽煙燒的小洞，我曾經以為他這一輩子都會一直抽下去。直到有一天，不知道是因為身體，還是因為其他的考慮，他下定決心戒煙，從此，我就再也沒有見他抽過煙。

我從小學就開始喝酒，一開始是逢年過節，大人開玩笑用筷子蘸酒給我嘗嘗。後來，因為家裡的酒櫃就在我的臥室，我監守自盜，某一年，居然喝光了家裡的全部藏酒，父母等到臨近春節盤點年貨時才發現。前幾年我得糖尿病後，發現喝酒症狀會加劇，就決心戒酒，連啤酒也不再喝。如今已經好幾年了，從未破戒。

很多時候，我們會以為，一些微不足道的習慣定義了我們。這實在是大大地低估了人類的偉大。定義我們的永遠是我們的本心，是我們對這個世界的看法，是我們希望留給這個世界的精神遺產。

這時代太容易吃飽穿暖，所以也就太容易沉淪，讓人變成每日只知酒足飯飽的廢物。我們需要對抗衰老，對抗無聊，對抗自己的懶惰和沉淪。

所有父母都希望孩子好好學習，找到一個好工作，然後安穩一生。在這個時代，吃飽穿暖太容易，但是安穩不易。這個時代變化得太快了。我覺得更幸福的模式不是找到一個好工作安穩一生，而是學會不停地改善自己、挑戰自己的方法，然後用前進迎接這個世界上一切的改變，永遠都站在風口浪尖上，面對前路。實際上風險更小，也更加快樂。

眞正厲害的人，會找到屬於自己的路

寫這個話題，是因為之前有人問我，說他公司裡面有很多人炒股，老闆也在炒股，之前賺了很多錢。他並不喜歡炒股，但是經常猶豫要不要去炒股，覺得不去炒股的話，就跟財富擦肩而過了。

這種心態其實非常常見。我很喜歡逛上海的淮海路，經常可以看到一輛輛超級跑車在身邊緩行，雖然我嘲笑他們在擁擠的淮海路根本提不起速度，還沒有我步行快。但是我知道，那些車有的價值一兩百萬元，有的車甚至價值七百萬元，我在上海連一套兩三百萬元的房子都買不起，但是，人家開著玩的車是一輛法拉利，是一輛瑪莎拉蒂。你說我真沒有眼饞過嗎？才不是，我每次都是強忍著口水繼續前行的。

我是一九九四年上的高中，二〇一四年八月，我的高中同學搞了一個青春二十年的大聚會，全班四十多人，那天到了三十七、八個的樣子。在高中和我關係最好的同桌沒來（一個我一直暗戀的女同學），但是和我玩得好的男生，以及其他我非常喜歡的女同學都來了。無限唏噓，我們坐滿了兩張大桌子，大多數人大學畢業以後，回到了我們父母的單位，其他人也至少都在石油系統裡面。我是非常另類的一個，大學畢業在天津幹了三年網管，後來在北京做了七年程式師，再後來在上海待著。我的同學們大多數很早就買房買車，很早結婚了。

只有我，一次次離開熟悉的環境，在外面漂泊，每換一個城市，對我最大的傷害就是有一些關係非常好的朋友不能經常見到了。認識了一堆好朋友，然後慢慢地遠離，雖然心中仍舊互有牽掛，但是慢慢地走出了彼此的生命。

你說這些年來，對自己的人生選擇、奮鬥路徑，我從來都沒有過懷疑嗎？當然不是。那次同學大聚會，是我心情最沉重的一次，所有我兒時最好的朋友都在一桌，他們很多人大學畢業後繼續一起成長，一起在半夜喝酒燒烤，而我一次次地出發，一次次地遠離。大多數的朋友，都走了相對平穩的一生，進入一個比較穩定的大國企，一點點地奮鬥。只有我，這麼多年來，換了無數的location（位置），換了無數的工作。

聚會完了以後，很多天我都沉浸在這種情緒裡，就像遊戲過半，突然發現自己選了一條劇情分支，但是看到了另外一條劇情分支的美好。

後來，我想起了我大學裡最苦悶的那幾天。那時候，我因為非常喜歡研究電腦，不喜歡上我自己的專業課，經常曠課。結果在大三的下學期，我掛了十一門課。老師打電話把我父母叫來了，我父母來了學校，感到非常丟臉。但是他們最後還是很寬容，原諒了我，幫助我跟老師求情，幫我找了一些關係，最後把這個問題解決了。他們走後的一天，我躺在宿舍黏糊糊的涼席上思考人生。先是無限懊悔，然後我覆盤，我到底能不能把那些專業課學好。我想來想去，覺得不可能。在那天，我發覺，我就是喜歡寫程式，不管有什麼困難，有什麼誘惑，都改變不了我喜歡的東西，我可以應付大學學業一直到畢業，但是，我改變不了我內心的想法。我選擇跟隨自己的內心，一直至今。

後來畢業的時候，我又陷入了苦悶之中，我是先回父親的單位，有份穩定的工作，然後業餘做自己喜歡的事情呢，還是直接去找份自己喜歡的工作？因為這種猶豫和糾結，畢業以後，我在家裡啃了三個月的老，父母問我去找什麼工作，我說我還在想。直到有一天，我母親用掃把把我打了一頓，趕我去找工作。我才準備了一份簡歷，找到了一個網管的工作，就因為當時招聘我的人事經理說，網管也需要寫程式。我為了做想做的事情，願意趴在別人的桌子底下，把他們用腳不小心踢掉的網線插上。

其實，我一直都不是一個內心很強大的人。但是好在隨著年齡和閱歷的增長，我覺得我的內心越來越強大。我經歷過無數次憂鬱和糾結，但是，慢慢地，我覺得這些都是在浪費生命，我們應該做的就是去做自己喜歡做的事情，做自己擅長的事情，做自己有激情，可以讓自己快樂的事情。一切其他的東西都不重要。

這世界上有無數的路，哪一條路都可以通向成功、幸福和快樂，關鍵是找到自己的路，別人走什麼路，跟你並沒有什麼關係，核心問題是堅定地、大步地前進。

每個人都是broken（破碎）的

我很喜歡一個樂隊Linkin Park（聯合公園），有一首我很喜歡的歌「The Catalyst」（《催化劑》），其中一句是這麼唱的：「God bless us everyone，We're a broken people living under loaded gun.」大致可以譯成：「上帝保佑我們每一個人，我們是破碎的人，活在裝滿彈藥的槍口之下。」

西方在基督教信仰的影響下，認為每個人生來都是有原罪的。相比上帝來說，每個人都是不完美的。任何覺得自己全知全能的人，都是在play god（扮演上帝）。由這樣的思想出發，他們衍生出了很多價值觀上的思考。

比如，美劇裡面有大量羅賓漢式的英雄角色，當然，在現代戲劇的包裝下，這類英雄形象已經很難讓人想起羅賓漢了，實際上，義警、超級英雄、不循規蹈矩的員警等，都是接近羅賓漢式的人物。羅賓漢式的故事主題是講述在政府下轄的執法力量因為無能或腐敗不能維持社會公平正義，甚至本身就淪為社會公平正義的敵人的前提下，有正義感的人應該如何行事。

然而這類戲劇在歌頌這樣的人物的同時，另一個不停探討的話題就是，這樣的英雄人物會不會因為能力和權力而膨脹，從而走向正義的反面，或者因為自大和傲慢，錯誤地傷害了無辜民眾。最終，這樣的話題都回到一個原始的母題，那就是凡人皆不完美，不要play god。如果你剛剛看完了《復仇者聯盟2》，你就會發現在電影中鋼鐵俠犯了一個play god式的錯誤。

中國哲學裡面跟這比較類似的是性惡論，但性惡論只是從本性出發，比較接近原罪說，沒有太多探討人的不完美性以及權力令人膨脹的理論。這跟我們長期的一種皇權體系有關係，在皇權體系下，皇帝就是完人，是必須歌頌的完人。在我們的哲學體系、大眾思想裡，缺乏人皆不完美的價值觀，反之我們有聖人價值觀。聖人價值觀積極的一面是，人人皆可為堯舜；消極的一面是，無法認識到即使是堯舜也可能是有問題的。

從人皆不完美出發，就很容易得出結論，不能相信個體的人，不管是超人，還是鋼鐵俠，不管是美國總統，還是矽谷的創業英雄。從而可以得出結論，在人以外，需要監督，需要機制。

我們今天不過多地談這一哲學思想對政治的影響。反之，按照本書的基調，我們談談這一哲學思想對個人的影響。

相信人皆不完美，對我們個人修養的價值在於：

對他人寬容

當你知道人皆不完美以後，就應該理解「沒有一個人是完美的，我們不應該以完美去要求人」，應該對他人抱有足夠的寬容，要從發展的角度看他人。人皆不完美，如果一個人可以持續改進他的錯誤，雖然他仍舊不完美，但是他在不斷趨近完美，這已經非常難得了。

對己寬容

很多時候，我們對自己更加苛刻。慢慢地形成一種錯誤的對自己的預期，對自己預期越高，越難以實現，越容易產生自暴自棄的情緒。結果是，看起來要求很高，但實際上是放棄了對讓自己變得完美的追求。明白人皆不完美以後，就可以從發展的角度來看自己。首先，我們需要承認，在當下我們並不是全知全能的，我們有問題，我們有困惑。然後，我們可以根據自己的具體處境，去設計合理的目標、步驟和方法。

過於求全，容易急躁。先承認現狀，然後慢慢改進，才能平靜地追求持續穩定的改進。

追求內心平靜

你從來都不孤獨，你遭遇的一切困難，都有人曾經遭遇過，大家都不完美。一方面，讓我們明白，世人皆有壓力，皆有痛苦，不是我們獨有的。另一方面，讓我們明白，一切可以脫穎而出的人，都需要付出努力，沒有白來的好處。

你是在那裡怨天尤人，慨嘆自己的不完美呢，還是前行一步，從改變自己開始，一點點地逼近完美呢？

還是那句話，選擇總在你自己。

鬆弛感

作　者—郝培強
主　編—林菁菁
企　劃—謝儀方
封面設計—楊珮琪、林采薇
內頁設計—李宜芝
總 編 輯—梁芳春
董 事 長—趙政岷
出 版 者—時報文化出版企業股份有限公司
108019　臺北市和平西路 3 段 240 號 3 樓
發行專線—（02）2306-6842
讀者服務專線—0800-231-705・(02)2304-7103
讀者服務傳真—(02)2304-6858
郵撥—19344724 時報文化出版公司
信箱—10899 臺北華江橋郵政第 99 信箱
時報悅讀網—http://www.readingtimes.com.tw
法律顧問—理律法律事務所 陳長文律師、李念祖律師
印　刷—勁達印刷有限公司
初版一刷—二〇二四年一月二十六日
定　價—新臺幣三八〇元
（缺頁或破損的書，請寄回更換）

時報文化出版公司成立於一九七五年，
並於一九九九年股票上櫃公開發行，於二〇〇八年脫離中時集團非屬旺中，
以「尊重智慧與創意的文化事業」為信念。

鬆弛感 / 郝培強著 . -- 初版 . -- 臺北市 : 時報文化出版企業股份有限公司 , 2024.01
面；　公分
ISBN 978-626-374-804-0(平裝)

1.CST: 自我實現 2.CST: 生活指導

177.2　　112021993

ISBN 978-626-374-804-0
Printed in Taiwan